CHAQUE PIÈCE, 20 CENTIMES.
303e ET 304e LIVRAISONS.

THÉÂTRE CONTEMPORAIN ILLUSTRÉ

MICHEL LÉVY FRÈRES, ÉDITEURS,
RUE VIVIENNE, 2 BIS.

LES VIVEURS DE PARIS

DRAME EN CINQ ACTES ET HUIT TABLEAUX

PAR

M. XAVIER DE MONTEPIN

REPRÉSENTÉ POUR LA PREMIÈRE FOIS, À PARIS, SUR LE THÉÂTRE DE L'AMBIGU-COMIQUE, LE 14 SEPTEMBRE 1857

DISTRIBUTION DE LA PIÈCE.

LE COMTE HENRI DE PREUIL........	MM. DUMAINE.	HENRIETTE DE LUZZY..............	Mlles HAQUETTE.
LE BARON RÉNÉ DE SAVENAY.....	MAURICE COSTE.	VIOLETTE..	MARTY.
MAXIME DE BRACY	MACHANETTE.	JULIENNE........	MATHILDE.
DE VILLEDIEU......................	DORNAY.	ALINE GIRARD.......	ADORCY.
CABIROL.........................	LAURENT.	DOMESTIQUE....................	MM. MARTIN.
LAROSE.........................	CONSTANT.	DEUXIÈME DOMESTIQUE....... ...	LAVERGNE.
LA COMTESSE BERTHE DE PREUIL...	Mlle PAGE.		

— Droits de représentation, de reproduction et de traduction réservés. —

ACTE PREMIER.

PREMIER TABLEAU.

Une galerie vitrée formant serre et éclairée pour un bal à l'hôtel du duc de Chaumont-Landry. Au milieu du théâtre un massif d'arbustes des Tropiques entouré par un banc circulaire de verdure. Groupes et massifs de fleurs et d'arbustes rares.

SCÈNE PREMIÈRE.

MAXIME DE BRACY, DE VILLEDIEU.

VILLEDIEU.
Et vous dites, mon cher comte, que les courses ont été belles?

MAXIME.
Fort belles... surtout celles du grand prix. *Papillonne*, au baron Réné de Savenay, est arrivée première, battant *Jean* Duquesne d'une demi-longueur, et distançant *Gladiator*, *Monarque* et *Régina*.

VILLEDIEU.
Pardon, de vous interrompre; mais qu'est-ce que c'est que le baron Réné de Savenay?

MAXIME.
Comment! vous ne connaissez pas Réné?

VILLEDIEU.
J'arrive d'Orient, mon cher ami, c'est une excuse... En descendant chez moi, j'ai trouvé l'invitation de la duchesse de Chaumont-Landry, et je fais aujourd'hui ma rentrée dans le monde.

MAXIME.
C'est juste... Eh bien, Réné de Savenay est un nouveau venu, un gentilhomme provincial, qui n'est pas des nôtres que depuis cinq ou six mois... Il a vingt-cinq ans, cent mille livres de rentes, des chevaux pur sang, et l'irréprochable élégance d'un homme de la meilleure et de la plus mauvaise compagnie.

VILLEDIEU.
Et quel est le pilote officieux qui s'est chargé de le mettre

à flot, et de le guider parmi les écueils et parmi les récifs de l'océan parisien?

MAXIME.

Ce pilote officieux, c'est moi, mon très-cher.

VILLEDIEU.

Vous, Maxime!.. vous, notre maître à tous!.. vous, le doyen des viveurs de Paris!.. ah! je comprends qu'avec un pareil guide les premiers pas du baron devaient être brillants!..

MAXIME.

Ils le furent. En moins de quelques semaines, tout Paris connaissait le jeune débutant... Aujourd'hui, il est presque célèbre... célèbre au moins dans ce monde légèrement excentrique qui s'agite entre le bois de Boulogne et le boulevard Montmartre; qui déjeune au café Anglais et qui soupe à la Maison-d'Or. Réné est un viveur de la bonne école, et, chose rare, un viveur riche... on cite sa livrée, son ameublement, ses écuries... on parle surtout de sa petite maison de l'allée des Veuves, une ravissante bonbonnière à laquelle, dans la Bohême galante, on a donné le surnom de *Parc aux Biches.*

VILLEDIEU, riant.

Oh!.. oh!..

MAXIME.

Que voulez-vous?.. Réné est adoré de ces dames du quart de monde qui, par le temps de ladrerie qui court, exaltent ses prodigalités folles!.. il a éparpillé quelque chose comme cent mille francs sous les petits pieds de la jolie Blondine... Aujourd'hui il s'attèle au char de la très-illustre Violette, qu'il entoure d'un luxe princier.

VILLEDIEU.

Mais, à ce train, il doit se ruiner...

MAXIME.

Ceci, mon cher, est un détail... Et, tenez, justement voici celui dont nous parlons!..

VILLEDIEU.

Réné de Savenay?

MAXIME.

Lui-même.

SCÈNE II.

LES MÊMES, RÉNÉ.

RÉNÉ, à Maxime.

Bonsoir, cher comte... (Saluant Villedieu.) Monsieur...

MAXIME.

Mon cher ami, nous parlions à l'instant de vous, monsieur de Villedieu et moi.

RÉNÉ, riant.

De moi!.. et qu'en disiez-vous?.. du mal, sans aucun doute, comme cela se doit et comme cela se fait entre bons amis...

MAXIME.

Assez de mal, du moins, pour donner à M. de Villedieu un vif désir de vous connaître... Messieurs, permettez-moi de vous présenter l'un à l'autre... (Les deux hommes se saluent.)

RÉNÉ.

Et maintenant, mon cher comte, mettez-nous au courant... On dit que tout Paris sera ce soir ici...

MAXIME.

Je le crois... Les salons, la grande galerie et le jardin d'hiver sont déjà là inondés de blanches épaules, de diamants qui brillent comme des étoiles, et de beaux yeux qui étincellent comme des soleils... mais ceci est banal... J'ai à vous apprendre quelque chose de plus piquant...

RÉNÉ.

Quoi donc?

MAXIME.

La femme de Paris, de France et peut-être du monde, qui aime le plus et le mieux son mari, vient d'arriver au bal...

RÉNÉ, riant.

Une femme qui aime son mari tant que cela!.. vous avez raison, mon cher comte, la nouvelle est piquante... Malheureusement, il lui manque quelque chose.

MAXIME.

Que lui manque-t-il?

RÉNÉ.

La vraisemblance.

MAXIME.

Comment, vous ne croyez pas que la comtesse de Preuil aime son mari?

RÉNÉ.

Ah! cette merveille s'appelle la comtesse de Preuil?

MAXIME.

Une nouvelle-mariée qui vient de passer, en Italie, sa lune de miel...

RÉNÉ.

Eh bien! mon cher comte, je ne crois pas que madame de Preuil fasse exception à la règle générale... Je ne crois pas à l'amour des femmes pour leur mari, et, jusqu'à preuve contraire, je conserverai mon opinion.

MAXIME.

Je vous affirme, moi, que madame de Preuil n'a pas une pensée qui ne soit pour son mari, et que rien au monde ne pourrait non pas l'éloigner, mais seulement la distraire de cette tendresse sans bornes.

RÉNÉ.

Est-ce qu'elle est jolie, cette comtesse?

MAXIME.

Charmante!

RÉNÉ.

Eh bien, mon cher comte, je parie cinquante louis, si vous voulez, qu'avant un mois j'aurai mis une distraction dans sa vie!..

MAXIME.

Je ne me mêle point à de semblables gageures...

VILLEDIEU.

Eh bien, moi, sur la simple affirmation de Maxime, je tiens le pari contre M. le baron de Savenay.

RÉNÉ.

C'est dit, Monsieur... (A Maxime.) Est-ce que vous connaissez beaucoup madame de Preuil, vous?

MAXIME.

Non, mais elle était la compagne de couvent et la meilleure amie de ma sœur qui ne parlait d'elle qu'avec des transports d'enthousiasme, et qui faillit pleurer de chagrin de ne pouvoir assister à son mariage. Je me trouvais tout à l'heure dans l'un des salons où l'on danse, quand j'entendis annoncer le comte et la comtesse de Preuil. Un instant après, je vis ma sœur et une autre jeune femme qui, sans le moindre respect pour leurs robes qu'elles fripaient impitoyablement, se pressaient dans les bras l'une de l'autre avec des larmes de tendresse et d'incroyables élans de sensibilité... C'était la chère amie du couvent.

RÉNÉ.

Et le mari... ce mari si fort adoré, selon vous, comment est-il?

MAXIME.

Je ne l'ai pas encore vu...

RÉNÉ.

Eh bien! cherchons-le dans le bal; je tiens à juger du plus ou moins de chances qu'il me donne de gagner mon pari...

MAXIME.

Allons où vous voudrez. (Regardant à gauche.) Ah! voici ces dames...

RÉNÉ.

Quelles dames?

MAXIME.

Ma sœur et la comtesse.

RÉNÉ.

Oh! alors, je reste et j'écoute...

MAXIME.

C'est bien indiscret, ce que vous voulez faire!

RÉNÉ.

Bah! Pour combiner un plan stratégique, il faut étudier le terrain... C'est de bonne guerre! (Les trois hommes disparaissent derrière les massifs de verdure... Henriette et Berthe entrent en scène. On doit voir de temps en temps reparaître les trois hommes et surtout Réné pendant la scène suivante. Ils écoutent le dialogue des deux femmes.)

SCÈNE III.

BERTHE, HENRIETTE.

HENRIETTE.

Ainsi, chère amie, tu es heureuse?

BERTHE.

Tellement heureuse que je me demande parfois si mon bonheur n'est point un rêve et si je ne vais pas m'éveiller...

HENRIETTE.

Tu aimes à ce point ton mari? Ah! tu me l'avais écrit, mais je me disais : Elle exagère!

BERTHE.

Je l'aime plus encore que je ne saurais l'exprimer.

HENRIETTE.

Est-ce qu'il est bien beau?

BERTHE, riant.

Franchement, je l'ignore... Peut-être que mon cœur se

trompe, et que mes yeux se trompent aussi... Tout ce que je sais, c'est que rien au monde, selon moi, ne lui peut être comparé.

HENRIETTE.

Quel enthousiasme !

BERTHE.

Oh ! ce n'est pas de l'enthousiasme...

HENRIETTE.

Qu'est-ce donc alors ?

BERTHE.

C'est de l'adoration, c'est du respect, c'est une tendresse infinie et profonde ! Tu me comprendras, quand tu connaîtras mon Henri, quand tu verras comme il est noble et bon.

HENRIETTE.

Ton mariage fut un mariage d'amour sans doute ?

BERTHE.

Mon Dieu non... Ce fut tout bonnement un mariage de convenance. Je quittai le couvent trois mois après toi, et mon père m'emmena dans ses terres de Bourgogne qui sont voisines du château de Preuil... Un matin, Henri vint nous faire une visite. Mon père me le présenta, et, après son départ, il me demanda comment je le trouvais.

HENRIETTE.

Eh bien ?

BERTHE.

Eh bien... je n'avais pas d'opinion. C'est tout au plus si j'aurais pu reconnaître Henri le lendemain...

HENRIETTE.

Voilà une grande passion qui débutait d'une manière terriblement tiède.

BERTHE.

Mon père me prévint que M. de Preuil reviendrait le jour suivant. Il m'engagea à le regarder plus que la veille, à causer avec lui, enfin à me former sur son compte une opinion quelconque.

HENRIETTE.

Ce que tu fis ?

BERTHE.

Ce que du moins je tâchai de faire.

HENRIETTE.

Ton père alors te questionna de nouveau ?

BERTHE.

Oui.

HENRIETTE.

Et ta réponse..?

BERTHE.

Fut bien simple : M. de Preuil me semblait un jeune homme d'une apparence agréable, d'un esprit cultivé, d'une politesse exquise. Enfin, je n'en pouvais penser et je n'en pensais que du bien. « De telle sorte, me demanda mon père, que tu l'épouserais volontiers ? » Je ne m'attendais guère à cette brusque interrogation. Je restai stupéfaite. Mon père se mit à rire... « Allons, reprit-il, du courage, mon enfant ; un oui ou un non ; je désire vivement que Henri de Preuil devienne mon gendre, et lui je le désire encore plus que moi, car il commence à t'aimer fort passionnément. Mais il s'agit de ton bonheur, et je te laisse toute liberté dans ta décision ; seulement il faut te hâter ; je te donne une demi-heure ; pendant ce temps, je vais écrire deux billets adressés tous deux à Henri : le premier contiendra une invitation pour demain ; le second un congé poli. Mon piqueur va se tenir prêt à monter à cheval, et, dans une demi-heure, il portera au château de Preuil un de ces billets, celui que tu voudras. »

HENRIETTE.

Mais sais-tu que voilà une idée tout à fait jolie ! Et je devine qu'au bout de la demi-heure de grâce ce fut l'invitation qui partit.

BERTHE.

Henri revint au château le lendemain, puis chaque jour... en le voyant de près, en me trouvant à même d'apprécier toutes les qualités de son cœur et de son esprit, je l'aimai, sinon d'amour, au moins d'une naïve et sincère affection. Henri ne ressemble guère à nos jeunes gens de Paris, ma chère ; il a trente ans, il a presque toujours vécu dans son vieux château de Preuil, parce qu'a-t-il fait de loin en loin quelques voyages à l'étranger et quelques rares apparitions à Paris ; sa belle intelligence s'est encore développée par un travail assidu. Car l'étude a toujours été la compagne chérie de la solitude, et sa science est si profonde, que souvent elle me fait éprouver une sorte de respectueuse admiration, mêlée d'un peu de frayeur. Il me semble parfois qu'un homme qui sait tant de choses est plus qu'un homme. Que te dirais-je de plus ? Il faut que je m'arrête ; Henri, à mes yeux, réunit toutes les qualités, tous les mérites, et, si je voulais te détailler ses perfec-

tions jusqu'au bout, il n'y aurait aucune raison pour en avoir jamais fini...

HENRIETTE.

Qu'importe, j'aime à l'entendre.

BERTHE.

Oh ! prends garde... j'abuserais, ma chère, Bref, notre mariage fut célébré : je devins Madame de Preuil, et, chaque jour, j'en remercie Dieu autant de fois qu'il y a de perles à ma couronne de comtesse.

HENRIETTE.

Heureuse amie !

BERTHE.

Oui, bien heureuse.

HENRIETTE.

Et après le mariage ?

BERTHE.

J'avais envie de voyager ! Nous partîmes pour l'Italie où nous sommes restés un an ! Alors seulement il me fut donné de bien connaître mon Henri et de l'apprécier à sa juste valeur ! A Florence, nous rencontrâmes des Français, des Parisiens, des hommes du monde... Ils étaient plus légers, plus élégants, plus brillants que mon Henri, qu'ils effaçaient par leur aisance et par je ne sais quoi de hardi et de cavalier dans leurs manières ! Oh ! combien je l'en aimais davantage, moi, qui savais de quelle hauteur il dominait tous ces hommes par la pensée, par l'esprit, par le cœur ! Combien je bénissais la vie presque sauvage, la jeunesse studieuse et solitaire de mon mari !... Grâce à ses goûts de retraite et d'isolement, il m'apportait une âme sans tache, une pensée qui n'avait point encore appris à se cacher... un cœur qui n'avait pas battu. Car non-seulement Henri m'aime, mais encore il n'a jamais aimé que moi.

HENRIETTE, riant.

Oh !

BERTHE.

Tu doutes ?

HENRIETTE.

Dame !

BERTHE.

Et pourquoi ?

HENRIETTE.

Ce que tu me dis là est étonnant, ma chère !

BERTHE.

Mais non ! Il me semble que toi et moi, nous n'avons jamais aimé que nos maris.

HENRIETTE.

Eh bien ?

BERTHE.

Qui empêche que nos maris n'aient jamais aimé que nous ? Tu ris ?

HENRIETTE.

Bien malgré moi !

BERTHE.

Ce n'est pas répondre.

HENRIETTE.

Mais que veux-tu que je te réponde ? nous sommes des femmes, nous... c'est incontestable ; nos maris sont des hommes... et... et... enfin c'est bien différent.

BERTHE.

Différent ?.. en quoi ?

HENRIETTE.

En quoi, en quoi ?.. Je me comprends mieux que je ne m'explique. Enfin je fais amende honorable de ma demi-incrédulité. J'aime mieux céder que de discuter.

BERTHE.

A la bonne heure !

HENRIETTE.

Une question encore...

BERTHE.

Laquelle ?

HENRIETTE.

Es-tu à Paris pour longtemps ?

BERTHE.

Pour la fin de l'automne et pour tout l'hiver. Henri craint que la campagne ne me paraisse triste sous la neige. Il vient de prendre un appartement rue Tronchet, et j'aurai chaque semaine un soir de réception, et je compte sur toi.

HENRIETTE.

Je serai la plus fidèle entre tes fidèles ; mais, en attendant, tu vas me présenter M. de Preuil. Je meurs d'envie de le connaître.

BERTHE.

Nous nous mettrons à sa recherche, quand tu voudras, et tu verras comme il est bon et comme j'ai raison de l'aimer. (Se levant vivement.) Ah ! c'est lui...

HENRIETTE.

Ton mari?..

SCÈNE IV.

LES MÊMES, HENRI DE PREUIL.

BERTHE, courant à Henri, le prenant par la main et l'amenant à Henriette.

Mon mari. (A Henri.) Ma meilleure amie, la compagne de mon enfance, Henriette de Bracy, aujourd'hui la vicomtesse de Luzzy.

HENRI, à Henriette.

Je suis heureux de vous être présenté, Madame, d'autant plus heureux que je vous connais depuis longtemps déjà ; ma chère Berthe m'a bien souvent parlé de vous, et toujours avec une tendresse qui me rendait presque jaloux.

HENRIETTE.

Oh! monsieur le comte, en amour, vous êtes millionnaire : soyez généreux! ne m'enviez pas une toute petite part dans l'affection de votre Berthe bien-aimée.

BERTHE, riant.

Henri, offrez votre bras à madame de Luzzy, et conduisez-nous du côté de cette musique que j'entends là-bas.

HENRI.

Comment?..

BERTHE.

Votre Berthe bien-aimée veut... danser... (Berthe prend le bras d'Henriette à qui M. de Preuil offre le sien. Tous les trois sortent par le fond.)

SCÈNE V.

RÉNÉ, MAXIME, VILLEDIEU.

MAXIME.

Eh bien, Messieurs, que pensez-vous du mari?

VILLEDIEU.

Fort bien, ma foi!.. un peu provincial peut-être, et plus à l'aise sans doute sous la veste de chasse que sous l'habit de bal; mais, quand il aura vécu trois mois dans notre monde et quand il sera notre ami, il deviendra je crois un vrai gentleman.

MAXIME.

Et vous, Réné, comment le trouvez-vous?

RÉNÉ.

Qui donc?..

MAXIME.

M. de Preuil?..

RÉNÉ.

Moi! pardieu! mais je le trouve dès à présent un homme accompli!.. il est si parfait, selon moi, que je ne lui conseillerais point de changer... il y perdrait.

MAXIME.

Comme vous dites cela!... Parlez-vous sérieusement, Réné?...

RÉNÉ.

Est-ce que par hasard, mon cher comte, l'opinion que je viens d'exprimer n'est pas la vôtre?..

MAXIME.

Et la comtesse, qu'en pensez-vous?

RÉNÉ.

Je la proclame un modèle achevé des plus invraisemblables vertus conjugales, et je pose en principe : qu'il faudrait être fou pour songer seulement à mettre le siège devant un cœur si bien gardé.

MAXIME.

Mais alors votre pari de tout à l'heure?..

RÉNÉ.

Mon pari, il est perdu d'avance.

MAXIME.

Vous en convenez?..

RÉNÉ.

Parfaitement ; et la preuve, c'est que mes cinquante louis seront demain matin chez M. de Villedieu.

MAXIME, à lui-même.

Tout ceci me paraît suspect!... ou je connais bien mal Réné, ou ce n'est pas lui qui confesserait sa défaite avant même d'avoir combattu ; enfin nous verrons...

RÉNÉ.

Et maintenant, Messieurs, vous plaît-il de venir faire un tour dans le bal?..

VILLEDIEU.

Volontiers...

MAXIME.

Allons... (Au moment où ils vont disparaître, un domestique portant des verres de punch sur un plateau s'approche d'eux. Ils font un geste de refus et passent.)

SCÈNE VI.

LE DOMESTIQUE, puis CABIROL.

(Il est vêtu de noir et en cravate blanche ; il porte sous son bras un cornet à piston dans un étui de peau. Il entre en scène avec une certaine indécision et regarde à droite et à gauche.)

CABIROL.

Pas plus d'orchestre que sur ma main... Mon instrument et moi nous sommes positivement fourvoyés dans cet hôtel. Ça m'apprendra à être en retard de deux heures trente-cinq minutes! O amour! amour!.. gueux d'amour! (Apercevant le valet de pied.) Ce laquais, splendidement relié et doré sur tranches, va me renseigner...

LE DOMESTIQUE, à Cabirol.

Monsieur acceptera-t-il un verre de punch?

CABIROL.

Au fait, pourquoi pas? (Il prend un verre et boit.) Ce punch est bon... (Un second verre.) un peu faible peut-être...(Troisième verre.) mais bon.

LE DOMESTIQUE, à part.

Diable! voilà un Monsieur qui va bien.

CABIROL.

Vous direz de ma part au maître d'hôtel, mon cher, qu'avec un peu plus de rhum, un peu plus de thé, un peu plus de sucre et un peu plus de citron, son punch aurait été sans défaut. Tel qu'il est, je le trouve faible, quoique bon. Après ça, peut-être l'ai-je mal goûté. Il ne faut point se prononcer à la légère... voyons un peu... (Il boit un quatrième verre.)

LE DOMESTIQUE, examinant Cabirol.

Quelles singulières façons! (Haut.) Monsieur est invité?

CABIROL.

Pardien! invité à venir faire ma partie.

LE DOMESTIQUE.

Les tables de jeu sont dans la galerie. Monsieur n'a qu'à tourner à droite, puis à gauche, puis encore à droite.

CABIROL.

N'équivoquons pas, mon cher. Je vous parle de ma partie dans l'orchestre de ce bal.

LE DOMESTIQUE.

Tiens, tiens, tiens! Vous êtes musicien?

CABIROL.

Fruit sec du Conservatoire, piston-solo du 8e lanciers, en congé de semestre : rien que ça, mon brave!.. et professeur d'escrime et d'harmonie dans mes nombreux moments perdus. Si vous avez des élèves à m'expédier, voici mon adresse : Timoléon Cabirol, 95, rue de Chaillot, au sixième au-dessus des trois entresols. Je vous offre une remise de vingt-cinq centimes par cachet de deux francs.

LE DOMESTIQUE, riant.

Merci. Ah çà! mais, si vous êtes engagé pour jouer ici ce soir, vous n'êtes pas en avance, savez-vous!.. Minuit passé.

CABIROL.

Eh! mordioux! je ne le sais que trop!.. Mon chef d'orchestre doit être comme un crin!.. Hélas! la faute en est au malin Cupidon et à son cousin, issu de germain, le petit dieu Hymen!..

LE DOMESTIQUE.

Vous dites?..

CABIROL.

Je dis, mon brave, que je mets un terme prochain aux galantes erreurs de ma jeunesse aventureuse!.. Je dételle... je remise... je me range!.. Bonsoir à la vie de garçon! . Cabirol va jurer obéissance à l'écharpe de M. le maire! En d'autres termes, je convole, le mois prochain, en premières et légitimes noces, et ce soir j'ai oublié l'heure auprès d'Aline, ma blonde future... Pauvre chérie! A sa santé! (Il prend un verre de punch et boit.)

LE DOMESTIQUE.

Prenez garde! vous allez vous griser abominablement.

CABIROL.

Laissez donc! ça me connaît!... D'ailleurs ceci est du punch de dames, véritable lait de chèvre pour le gosier bronzé d'un piston-solo au 8e lanciers. (En ce moment on entend la musique de l'orchestre qui commence une polka. — Saisissant son instrument.) Jolie musique... mais la partie de cornet à piston fait défaut. (Il embouche son cornet à piston et accompagne l'air pendant un instant.) Comme ça, voilà qui va bien! Mieux vaut tard que jamais! Je vole où le devoir m'appelle.

LE DOMESTIQUE.

Trouverez-vous le chemin?

GABIROL.

Parbleu! (Il sort en jouant toujours du piston. — Le domestique sort en suivant Gabirol. — Réné et Maxime entrent en scène par un autre côté.)

SCÈNE VII.

RÉNÉ, MAXIME.

MAXIME.

Écoutez-moi, Réné, car j'ai quelque chose de grave à vous dire...

RÉNÉ.

Quelque chose de grave!.. Allons... j'écoute...

MAXIME.

Vous souvenez-vous de notre première entrevue, lors de votre arrivée à Paris?..

RÉNÉ.

Certes!.. et je n'oublierai jamais la bienveillance de votre accueil pour le pauvre provincial qui venait vous demander vos conseils et votre patronage.

MAXIME.

Je vous ai dit alors qu'il y avait pour vous mieux à faire que de vous lancer au milieu d'un monde frivole et corrompu... je vous ai dit que j'avais, depuis longtemps, sondé le néant et expérimenté l'amertume de cette existence, dont les lueurs trompeuses vous attiraient fatalement.

RÉNÉ, souriant.

Et je vous ai répondu que ce monde, qui vous apparaissait sous des couleurs si sombres, me semblait, à moi, charmant... Je m'étais demandé quel est le vrai but de la vie... et la voix de ma jeunesse m'avait crié : C'est le plaisir!... Pourquoi la calomnier, cher comte, cette existence enivrante qui ne laisse pas une heure pour l'ennui, pas une minute pour la tristesse?.. La Croix de Berny, Chantilly, La marchenous appellent d'abord sur leur turf, nous autres viveurs de Paris... Avides d'émotions, parieurs intrépides, nous hasardons des sommes folles sur l'encolure d'un cheval de race, ou sur la casaque d'un jockey. Que nous importent les défaites?.. le vaincu d'aujourd'hui sera le vainqueur de demain... La joie du triomphe obtenu, l'espoir de la revanche attendu... voilà le plaisir... voilà la vie!.. Partout où l'esprit, l'élégance et l'or donnent droit de cité, nous sommes chez nous... A nous le sceptre de l'Opéra!.. nos arrêts sont sans appel au foyer de la danse... A nous l'orchestre et l'avant-scène de nos théâtres!.. c'est nous qui faisons, c'est nous surtout qui défaisons les succès... A nous les salons discrets des cabarets dorés!.. c'est pour nous, chaque soir, qu'étincelle le gaz dans le lustre aux cent becs... c'est pour nous que frissonnent les billets de banque sur les tables de lansquenet... A nous les faciles amours et les tendresses fugitives!.. les boudoirs et les coulisses sont un vaste sérail, dont nous sommes les sultans blasés... Pour nous, les changeantes recrues que Vénus enrôle sous les drapeaux du quart de monde ont, à l'heure des soupers, l'esprit et la beauté du diable, la verve du vin de Champagne, le virginal éclat de la poudre de riz!.. Ah! cher comte, autrefois, disait-on, du temps des roués, nos bons aïeux, on menait la vie en poste!.. nous faisons mieux aujourd'hui, nous la menons en chemin de fer... par un train de grande vitesse; et c'est le plaisir lui-même qui pousse à toute vapeur les viveurs de Paris!..

MAXIME.

Réné, votre aveuglement m'afflige et m'épouvante... Vous êtes jeune, et c'est là votre seule excuse... mais, pour une minute, oubliez le présent et regardez l'avenir... Qu'arrive-t-il, quand on a gaspillé tous les trésors de sa fortune et de son intelligence parmi des roués sans âme et des filles sans esprit et sans cœur?.. quand on a respiré longuement cette ardente atmosphère, où le jugement se fausse, où l'intelligence s'éteint?.. Les années ont passé, les cheveux ont blanchi... Vainement on se cramponne à la jeunesse évanouie... l'âge est venu, et avec lui les désillusions, les déceptions, la tristesse... De la vie follement perdue, que reste-t-il?.. des souvenirs d'orgie, des regrets, des remords... Le vide se fait autour du vieillard... plus d'amis... plus de maîtresses... point de famille!.. des vices mal éteints, pardonnables jadis peut-être... à présent odieux... Et la solitude, la morne solitude, jusqu'à la dernière heure du dernier jour!.. Voilà l'avenir, Réné... voilà le but fatal auquel conduit l'existence enviée des viveurs de Paris!..

RÉNÉ.

Vous l'avez dit : je suis jeune... et j'ai le temps d'attendre...

MAXIME.

Soit!... je ne vous renouvellerai donc pas l'inutile prière de laisser à d'autres la triste royauté du boulevard, du club, et de l'avant-scène... je vous dirai : Vous êtes gentilhomme, souvenez-vous de la rigide et fière devise de notre caste : « Noblesse oblige ! »

RÉNÉ.

Craignez-vous donc pour mon honneur, monsieur le comte?..

MAXIME.

Oui... votre honneur est en péril!.. non pas aux yeux du monde peut-être, mais aux miens qui voient mieux et plus loin!..

RÉNÉ.

Expliquez-vous, monsieur le comte, je ne vous comprends pas...

MAXIME.

Vous avez cherché, tout à l'heure, à me déguiser votre pensée et vous n'avez pas réussi... Vous parliez de M. de Preuil, et vous aviez sur les lèvres un éloge que le fond de votre pensée démentait!.. Vous juriez que la comtesse vous semblait invulnérable, et cependant vous aviez résolu de faire tout au monde pour la séduire, pour la perdre; et cette résolution n'a pas changé.

RÉNÉ.

Vous vous trompez, monsieur le comte... J'ai été frappé comme vous et comme nos amis de la beauté de madame de Preuil, mais voilà tout...

MAXIME.

Tout à l'heure, dans la salle de bal, tandis qu'elle dansait avec son mari (chose singulièrement absurde et provinciale à vos yeux, n'est-ce pas?), je vous observais, et j'étais effrayé de l'ardente fixité de vos regards attachés sur elle... vous vous sentiez doublement attiré et par la beauté de madame de Preuil, et par la simplicité de son mari qui vous semble facile à tromper... Mais elle l'aime, ce mari, vous le savez... elle l'aime d'une chaste et profonde tendresse!.. et les liens doux et sacrés qui les unissent, vous voulez essayer de les rompre!.. non, Réné... non, vous ne le ferez pas... vous êtes mon ami?.. madame de Preuil est l'amie de ma sœur... A ce double titre, j'ai droit d'empêcher un malheur... je veux vous éloigner d'elle... je vous emmène!..

SCÈNE VIII.

LES MÊMES, HENRIETTE, BERTHE, puis HENRI ET VILLEDIEU.

BERTHE.

C'est bien beau, les bals de Paris!.. Mon dieu que je m'amuse et que je suis heureuse!

HENRIETTE, riant.

Trop heureuse, chère amie!.. prends garde qu'on ne te vole ton bonheur.

BERTHE.

Mon bonheur, c'est mon mari... Mon bonheur, c'est mon amour... je fais bonne garde sur ces deux trésors et je défie qu'on me les enlève...

MAXIME, à Réné.

Venez.

RÉNÉ, s'approchant de Berthe.

Me ferez vous l'honneur, Madame, de danser avec moi le prochain quadrille?

BERTHE.

Je suis invitée, Monsieur... invitée pour toute la soirée...

RÉNÉ.

Ah!.. (A lui-même.) Par qui donc?

HENRI, entrant et s'approchant de Berthe, tandis que Villedieu, qui arrive en même temps que lui, offre son bras à Henriette.

Ma chère Berthe, on commence... quand vous voudrez?..

BERTHE.

Me voici, Henri...

RÉNÉ, avec colère.

Le mari!.. toujours lui!..

MAXIME, à Réné.

Vous voyez!.. allons, venez!.. venez donc!..

RÉNÉ, qui a semblé hésiter pendant une seconde.

Non... je reste!..

DEUXIÈME TABLEAU.

Un boudoir chez Violette.

SCÈNE PREMIÈRE.

VIOLETTE, JULIENNE.

VIOLETTE. Elle est entièrement habillée, elle a son châle sur les épaules et elle attache les brides de son chapeau devant une glace de Venise.
Julienne!

JULIENNE.

Madame?

VIOLETTE.

Voyez si la voiture est attelée.

JULIENNE, s'approchant de la fenêtre.

Antoine est sur son siége, Madame.

VIOLETTE.

Bien, je sors. (Elle se dirige vers la porte du boudoir en mettant ses gants.)

JULIENNE, qui a ouvert cette porte.

Monsieur de Savenay, Madame.

VIOLETTE.

Faites entrer...

SCÈNE II.

VIOLETTE, RÉNÉ.

Réné entre le chapeau sur la tête, le cigarre à la bouche, et fouettant sa botte vernie du bout de sa canne.

VIOLETTE.

Ah! c'est vous, mon cher Réné...

RÉNÉ.

Comme vous voyez, ma chère Violette... (Réné jette son cigarre dans la cheminée, son chapeau sur le divan, et se laisse tomber sur une chauffeuse.)

VIOLETTE.

Savez-vous, mon bon ami, que vous avez une façon véritablement galante d'entrer dans la chambre d'une femme?..

RÉNÉ, haussant les épaules.

Après?

VIOLETTE.

Mon cher Réné, vous prenez depuis quelques jours de bien mauvaises manières.

RÉNÉ.

Tant pis pour ceux à qui elles déplaisent.

VIOLETTE.

Et si elles me déplaisaient à moi?

RÉNÉ.

Cela ne me semblerait pas une raison suffisante pour en changer.

VIOLETTE.

De mieux en mieux : d'impoli vous devenez grossier!.. (Réné fait un geste d'impatience. Continuant.) Oh! mais, grossier comme un portefaix!!

RÉNÉ, se levant vivement.

Au fait, est-ce une querelle que vous me cherchez?.. Est-ce une scène que vous voulez me faire? Eh bien! tant mieux; après tout, cela me distraira, peut-être...

VIOLETTE, après un silence et avec une extrême douceur.

Mon pauvre ami, vous vous ennuyez donc bien?..

RÉNÉ.

Horriblement!

VIOLETTE, souriant.

Surtout ici, n'est-ce pas?

RÉNÉ.

Oui, ma chère, surtout ici.

VIOLETTE.

C'est de la franchise, au moins.

RÉNÉ.

Vous m'interrogez, je réponds.

VIOLETTE.

Quand vous êtes entré, j'allais sortir.

RÉNÉ.

Eh bien, ma chère, bon voyage!

VIOLETTE, appelant.

Julienne!

JULIENNE, entr'ouvrant la porte.

Madame?

VIOLETTE.

Faites dételer... (Julienne referme la porte.)

RÉNÉ.

Qu'est-ce que cela veut dire?

VIOLETTE.

Je reste.

RÉNÉ.

Si c'est un sacrifice de votre part, vous avez bien tort de me le faire ; je ne vous en sais aucun gré...

VIOLETTE.

Le plaisir d'être auprès de vous ne peut, dans aucun cas, me sembler un sacrifice.

RÉNÉ.

Très-joli!.. mais je vous conseille de donner contre-ordre à votre cocher. Je ne profiterai pas de votre bienveillance.

VIOLETTE.

Comment?

RÉNÉ.

Je m'en vais. (Il prend son chapeau et se dirige vers la porte.)

VIOLETTE, lui mettant la main sur le bras.

Réné...

RÉNÉ.

Quoi?

VIOLETTE.

Restez, je le veux...

RÉNÉ, vivement.

Ah! Vous voulez?..

VIOLETTE, avec une douceur presque suppliante.

Pardon, mon ami, ce n'est pas ma volonté que j'impose... c'est un désir qué je manifeste...

RÉNÉ.

Impossible!.. je suis attendu...

VIOLETTE.

Je ne demande que cinq minutes... ne me refusez pas, je vous en prie... cinq minutes, c'est peu de temps...

RÉNÉ, s'asseyant avec une impatience insolente et regardant sa montre.

Eh bien, soit, je vous les donne... mais pas une de plus... vous êtes avertie... profitez...

VIOLETTE.

Mon bon ami, vous m'avez avoué tout à l'heure que vous vous ennuyez horriblement, et, à défaut de vos paroles, votre contenance et vos façons me l'auraient surabondamment prouvé...

RÉNÉ, tirant de nouveau sa montre.

Plus que quatre minutes.

VIOLETTE.

Dites-moi, mon cher: pourquoi vous ennuyez-vous tant?

RÉNÉ.

Eh! le sais-je?

VIOLETTE.

Eh bien! moi, je le sais...

RÉNÉ.

Vous !.. allons donc!..

VIOLETTE.

Et la preuve que je le sais, c'est que je vais vous le dire.

RÉNÉ.

J'attends.

VIOLETTE, s'accoudant auprès de Réné et le regardant.

Vous vous ennuyez parce que vous êtes amoureux... et malheureux dans vos amours.

RÉNÉ, vivement.

Quelle folie !..

VIOLETTE.

Vous êtes amoureux de madame la comtesse Berthe de Preuil, chez laquelle vous allez tous les jours depuis tantôt deux mois, et votre humeur massacrante vient de ce qu'elle ne vous a pas reçu tout à l'heure. (Réné se lève et regarde Violette avec un profond étonnement.)

VIOLETTE, riant et désignant du bout du doigt la pendule.

Les cinq minutes que vous avez bien voulu m'accorder sont écoulées... mon cher ami, je ne vous retiens plus...

RÉNÉ.

Il me faut une explication.

VIOLETTE, moqueuse.

Et à quel propos, mon Dieu?

RÉNÉ.

A propos de vos récriminations absurdes! à propos de vos suppositions ridicules !..

VIOLETTE.

Je ne récrimine pas, mon cher, et je ne suppose rien...

RÉNÉ.

Vous vous moquez de moi, ou vous mentez!

VIOLETTE.

Me moquer de vous, bel amoureux transi, peut-être !.. mais

quant à mentir, non pas !.. et tenez, pour éviter des dénégations sans but et des discussions inutiles, je vais vous prouver jusqu'à quel point je suis instruite de vos moindres démarches... (Elle ouvre un petit meuble en bois de rose et y prend un même cahier relié en chagrin noir.) Écoutez : (Elle lit.) « Lundi — Réné « est allé rue Tronchet à deux heures. Il a été reçu. — « Mardi — Deux heures et quart, porte close. — Mercredi — « Même heure. Reçu. — Jeudi — Trois heures. Porte fer- « mée. — Vendredi — Même heure. Reçu. » Ceci, mon cher, est l'historique de vos visites de la semaine... Aujourd'hui, à l'heure accoutumée, on vous a fait répondre que Madame était sortie... Est-ce vrai, *oui ou non ?*..

RÉNÉ, stupéfait.

Ah çà ! vous avez donc une police secrète à vos ordres ?

VIOLETTE.

Oui, mon cher, et voici même à ce propos un détail assez curieux... C'est vous qui vous chargez, avec une complaisance infinie, de m'apporter les bulletins de cette police à votre sujet...

RÉNÉ.

Moi !..

VIOLETTE.

Parfaitement !

RÉNÉ.

Et comment cela ?

VIOLETTE.

Vous voulez le savoir ?..

RÉNÉ.

J'avoue que j'en serais fort aise...

VIOLETTE.

Ah ! eh bien... — ne trouvez-vous pas, Réné, qu'il fait ici une chaleur étouffante... ôtez donc votre pardessus...

RÉNÉ.

Comment ?

VIOLETTE.

Otez votre pardessus...

RÉNÉ.

Mais enfin...

VIOLETTE.

Otez votre pardessus !.. (Réné ôte son pardessus... Violette étale ce vêtement sur le dossier d'une chauffeuse.)

RÉNÉ.

Eh bien ?

VIOLETTE.

Que voyez-vous ?

RÉNÉ.

Rien.

VIOLETTE.

Prenez votre lorgnon et regardez là !

RÉNÉ.

Je vois une petite croix blanche, presque imperceptible, entre les épaules... est-ce cela ?

VIOLETTE.

Juste !

RÉNÉ.

Qu'est-ce que cela signifie ?

VIOLETTE.

Tout bonnement qu'un homme à moi, embusqué près du logis de votre idole, vous fait avec le bout de sa canne deux petites croix dans le dos quand la comtesse vous reçoit ! Une seule quand la porte est close ! Vous voyez qu'il n'y a qu'une croix.

RÉNÉ, riant.

Mais, ma chère, un coup de brosse aurait suffi pour anéantir les bulletins de votre agent.

VIOLETTE.

Ce coup de brosse, on ne le donnait pas, et vous m'arriviez bien et dûment marqué, comme un mouton du Berry qu'on va faire entrer dans Paris.

RÉNÉ.

C'est très-spirituel, assurément, mais je persiste à soutenir que votre jalousie est folle et que rien ne la justifie !..

VIOLETTE, vivement.

Ma jalousie !.. mon cher, halte là !.. est-ce que vous me feriez par hasard cette injure de me croire jalouse ?

RÉNÉ.

Mais il me semble...

VIOLETTE.

Il vous semble mal !.. j'avais un motif, cela est vrai, pour me tenir au courant de toutes vos démarches, mais ce motif n'est point la jalousie ; pour être jalouse, il faut aimer, mon bon ami, et je ne vous aime pas, mon très-cher.

RÉNÉ.

Merci de l'aveu !

VIOLETTE.

Il vous prouve au moins ma bonne foi !.. vous figurez-vous donc, Réné, que je suis une femme ordinaire et que j'envisage l'amour comme le font les autres femmes ?.. L'égoïsme en amour, selon moi, c'est la mort de l'amour... Si j'eusse été la favorite d'un roi, ce n'est point la douce et tendre Lavallière que j'aurais choisie pour modèle. C'est la comtesse Dubarry !.. Louis XIV a pris en dégoût la maîtresse aimante et dévouée : Louis XV ne s'est jamais lassé de la charmante pécheresse qui protégeait ses amours vagabondes.

RÉNÉ.

A quoi diable en voulez-vous venir ?

VIOLETTE.

A ceci... nous nous sommes aimés, peut-être ; nous ne nous aimons plus, c'est certain ; mais je reste votre amie et je vous le prouverai... Vous aimez une autre femme, cette femme vous aimera, grâce à moi.

RÉNÉ.

Ah ! bah !..

VIOLETTE.

Madame la comtesse de Preuil, dont vous êtes amoureux comme un fou, ou plutôt comme un enfant, et dont à l'heure qu'il est vous n'oseriez toucher le bout du doigt, vous appartiendra avant qu'il soit peu, si vous voulez vous confier à moi et suivre mes conseils...

RÉNÉ.

Violette, il me semble que vous me tendez un piège...

VIOLETTE.

Un piège !.. et dans quel intérêt, mon Dieu ?..

RÉNÉ.

Je ne sais pas... mais... vous êtes un démon, ma chère !..

VIOLETTE.

Eh bien ! Madame de Preuil n'est-elle pas un ange ?..

RÉNÉ.

Sans doute !..

VIOLETTE.

Et le métier des démons n'est-il pas de faire trébucher les anges ?

RÉNÉ.

Par envie, par orgueil !..

VIOLETTE.

Par orgueil ! par envie ! tout ce que vous voudrez. Je suis ce qu'on nomme une pécheresse, et, comme je n'ai pu jamais demander à personne de croire à ma vertu, je ne veux pas qu'on croie trop à la vertu des autres... Cette comtesse Berthe a été ma camarade d'enfance... moi, j'étais la plus indocile de toutes les élèves ; elle, on me la donnait toujours pour modèle, en m'accablant de reproches, en la comblant d'éloges... Depuis cette époque, et toujours à mesure que nous loin l'une de l'autre nous avons marché dans la vie, je me suis involontairement comparée à elle, et toujours je me suis sentie écrasée non-seulement par l'éclat de sa fortune, mais par sa haute réputation d'honnêteté et de sagesse !.. Aussi, je la déteste !.. En prouvant qu'elle peut avoir sa part des faiblesses humaines, je satisfais ma haine, je me venge de sa supériorité ! Me croyez-vous maintenant ?..

RÉNÉ.

En aveugle et je m'abandonne à vous.

VIOLETTE.

Madame de Preuil aime éperdument son mari ; n'est-il pas vrai ?..

RÉNÉ.

Trop vrai... et cet amour me désespère...

VIOLETTE.

C'est par cet amour que nous l'attaquerons et c'est la jalousie qui vous la livrera !

RÉNÉ.

Elle n'est pas jalouse.

VIOLETTE.

Elle le deviendra.

RÉNÉ.

Impossible !.. Le comte Henri ne vit que pour elle.

VIOLETTE, frappant du pied avec impatience.

Mais qu'avez-vous donc fait de votre esprit, Réné ?.. Ne comprenez-vous pas qu'il faut que cette femme soit jalouse ?.. qu'il faut qu'elle ait sujet de l'être ?.. Ne comprenez-vous pas que les rôles changent aujourd'hui, et que si vous voulez que la comtesse Berthe soit à vous, ce n'est plus elle, c'est le comte Henri, son mari bien-aimé, qu'il s'agit de séduire ?

RÉNÉ.

Violette, vous êtes plus forte que Machiavel !..

VIOLETTE.

Machiavel !.. Je ne le connais pas ; mais vous avez raison, je dois être plus forte.

RÊNÉ.

Je suis pétrifié d'admiration !

VIOLETTE.

Je me résume : Faites-vous, dès demain, l'ami intime, inséparable de M. de Preuil... Prenez sur lui une influence... dont nous abuserons quand il en sera temps. Tenez-moi, jour par jour, au courant des progrès de votre liaison, et je réponds de tout... Est-ce convenu?..

RÊNÉ.

Dix fois pour une.

SCÈNE III.

Les mêmes, JULIENNE.

JULIENNE.

Madame...

VIOLETTE.

Eh bien?..

JULIENNE.

La jeune ouvrière que j'avais chargée de repriser les cachemires et les dentelles de Madame vient d'arriver.

VIOLETTE.

Qu'elle entre...

JULIENNE, s'approchant de la porte.

Venez, Mademoiselle.

SCÈNE IV.

Les mêmes, ALINE.

VIOLETTE.

Vous m'apportez la garniture de point de Bruxelles, mon enfant?

ALINE.

Oui, Madame.

VIOLETTE.

Voyons un peu... (Elle déploie les châles et les examine.)
RÊNÉ, à part, lorgnant Aline.

Cette petite est délicieuse!

VIOLETTE.

Voilà un travail merveilleux!.. les reprises ont été faites par des doigts de fée!.. elles sont invisibles!.. Quel est le prix convenu entre vous et ma femme de chambre, mon enfant?

ALINE.

Vingt francs, Madame.

VIOLETTE.

Les voici. J'ai d'autres dentelles à vous donner. Venez avec moi, je vous prie. (A Rêné.) Mon ami, je reviens dans trois minutes...

RÊNÉ.

Vous ne me trouverez plus, ma chère.

VIOLETTE.

N'oubliez pas au moins que ce soir on danse ici, et que je compte sur vous.

RÊNÉ.

Je n'aurai garde d'y manquer. (Violette sort avec Aline.)

SCÈNE V.

RÊNÉ, JULIENNE.

RÊNÉ.

Julienne, un mot.

JULIENNE.

Deux, si vous le voulez, monsieur le baron.

RÊNÉ.

C'est toi, n'est-ce pas, ma petite, qui as procuré à Madame l'ouvrière qui sort d'ici?

JULIENNE.

Oui, monsieur le baron.

RÊNÉ.

Eh bien! ma chère, tu m'obligeras beaucoup en me donnant son adresse.

JULIENNE, riant.

Monsieur le baron a peut-être des cachemires à raccommoder?...

RÊNÉ.

Précisément! (Ouvrant son portefeuille.) Et comme faible récompense de ta perspicacité, accepte cette vignette sur papier

Garat, — elle est avant la lettre et les changeurs en font volontiers collection.

JULIENNE, après avoir pris le billet de banque

Voici l'adresse : Mademoiselle Aline Girard, rue de Chaillot, n° 95.

RÊNÉ, qui a écrit sous la dictée de Julienne,

Chez sa mère?

JULIENNE.

Non... elle est orpheline.

RÊNÉ.

Pauvre?

JULIENNE.

Archi-pauvre.

RÊNÉ.

Et honnête?

JULIENNE.

Je le crois... chez elle ce n'est pas cossu.

RÊNÉ.

Penses-tu que la petite ait quelque amoureux?..

JULIENNE.

Je n'en sais rien, mais je le suppose... elle est gentille...

RÊNÉ.

A croquer... Merci, Julienne, merci de tes renseignements, mon enfant!.. (A part.) Je songerai à cette petite. (Haut.) Au revoir, Julienne, pas un mot à ta maîtresse.

JULIENNE.

Je me tairai, Monsieur, vous m'avez donné de si bonnes raisons pour cela!...

RÊNÉ.

A merveille!.. (Il sort.)

SCÈNE VI.

JULIENNE, seule.

Ah! pour un scélérat de mauvais sujet, en voilà un, par exemple!.. pour un vrai gueux, c'est un vrai gueux!.. mais qu'il est donc roué et gentil!..

SCÈNE VII.

JULIENNE, CABIROL.

CABIROL, passant sa tête par l'entrebâillement d'une porte.

Y a-t-il quelqu'un céans?.. Oui... je m'introduis... Tiens! c'est une soubrette!.. Bonjour, soubrette!..

JULIENNE.

Qu'est-ce que vous voulez, Monsieur?

CABIROL.

Mademoiselle, je suis Cabirol...

JULIENNE.

Vous dites...?

CABIROL.

Je dis : Cabirol... cornet à piston de mon état... voilà l'instrument... on danse ici, ce soir, n'est-ce pas?..

JULIENNE.

Oui.

CABIROL.

Je viens pour le bal.

JULIENNE, riant.

A quatre heures à peine!..

CABIROL.

Vous trouvez que je suis en avance?.. ah! bah!.. une fois n'est pas coutume!.. au 8° lanciers, j'arrivais toujours à la parade cinq minutes après le colonel... En ai-je dévoré de cette gredine de salle de police!.. Vous n'auriez pas vu mamz'elle Aline, par hasard, soubrette de mon cœur?

JULIENNE.

Ah çà! quel galimatias me faites-vous là?

CABIROL.

Dans le fait, je divague assez!.. Oh! amour! gueux d'amour!.. voilà de tes tours!..

JULIENNE.

Bon! il parle d'amour à présent! c'est un fou!

CABIROL.

Peut-être le deviendrais-je de vous, soubrette aimable, si je ne l'étais déjà d'une autre!.. mams'elle Aline, s'il vous plaît?..

SCÈNE VIII.

LES MÊMES, ALINE, VIOLETTE.

VIOLETTE, à Aline.
Je compte sur votre exactitude.

ALINE.
Madame peut être tranquille.

CABIROL, à part.
Voici mon idole!.. je jouerais volontiers une polka!.. (Il embouche son instrument et en tire quelques sons.)

VIOLETTE, surprise.
Hein!.. qu'est-ce que c'est?

JULIENNE.
Madame, c'est un cornet à piston qui me paraît timbré.

ALINE, courant à lui.
Monsieur Cabirol!..

VIOLETTE.
Vous vous connaissez?

CABIROL.
Comment, comment, si nous nous connaissons?..

VIOLETTE, à Aline.
C'est votre amoureux, peut-être, Mademoiselle?..

ALINE.
C'est mon promis, Madame, et nous nous marions dans un mois.

VIOLETTE, à Cabirol.
Et sans doute, vous venez chercher votre fiancée, Monsieur?..

CABIROL.
A peu près, mais pas tout à fait... nous arrivions pour le bal, mon instrument et moi; seulement, la jeune camériste, qui est une personne de bon sens, m'ayant fait observer que la montre que je n'ai pas, mais que je pourrais avoir, avançait peut-être un peu, le musicien disparaît pour faire place à l'amoureux, lequel offre son bras à sa future petite épouse... Ah! Madame, ce soir, à votre bal, je vous jouerai de bien beaux galops... mais vous aurez beau faire, vous ne galoperez jamais si vite que mon cœur galope pour elle!.. (Il commence à jouer un galop, puis il s'interrompt tout à coup, salue gravement Violette, qui le regarde en riant, offre son bras à Aline et sort avec elle.)

TROISIÈME TABLEAU.

Un petit salon chez madame de Preuil.

SCÈNE PREMIÈRE.

UN DOMESTIQUE, BERTHE, entrant.

(Au lever du rideau, le domestique est seul en scène, rangeant et époussetant.)

BERTHE.
M. le comte n'est pas rentré?

LE DOMESTIQUE.
Non, Madame... (Il sort.)

BERTHE.
Pas encore!... ainsi donc elle avait dit vrai, cette lettre anonyme, cette lettre fatale dont mes larmes ont effacé chaque mot... voici de longues heures écoulées lentement dans une attente désespérée... et Henri n'est pas revenu!.. Ah! j'étais trop heureuse et mon bonheur n'était qu'un rêve... Mais quel réveil, mon Dieu! quel réveil!.. (Elle tombe sur un siège et cache son visage dans ses mains.)

SCÈNE II.

BERTHE, UN DOMESTIQUE, puis HENRIETTE.

LE DOMESTIQUE.
Madame recevra-t-elle madame la vicomtesse de Luzzy?

BERTHE, vivement.
Henriette!.. oui... oui... j'y suis toujours pour elle... (Elle s'essuie les yeux devant une glace et répare le désordre de ses cheveux.)

LE DOMESTIQUE, annonçant.
Madame la vicomtesse de Luzzy.

BERTHE, courant à elle.
Ah! je suis bien heureuse de te voir, va!

HENRIETTE, l'embrassant.
Et moi; donc!.. Tu es seule?..

BERTHE.
Toute seule.

HENRIETTE.
Sans ton mari!.. mais c'est un miracle, ma chère!.. Tu ne me réponds pas... tu détournes les yeux... Berthe... Berthe... tu as pleuré!..

BERTHE.
Pleuré!.. non... tu te trompes...

HENRIETTE.
Tu as pleuré... je le vois... j'en suis sûre... Berthe, je suis ta meilleure amie... Ne me cache rien... ouvre-moi ton cœur... Tiens, tu pleures encore!..

BERTHE.
Non, je t'assure...

HENRIETTE.
Berthe... tu souffres!..

BERTHE, avec explosion et ne pouvant plus contenir ses sanglots.
Eh bien! oui... tu as raison... mes larmes débordent, mon cœur se brise... je pleure... je souffre... je suis malheureuse... je suis malheureuse à mourir!

HENRIETTE.
Oh! mon Dieu... pauvre chère enfant!.. mais qu'as-tu donc?

BERTHE.
Un mal terrible et que j'espérais ne jamais connaître...

HENRIETTE.
Lequel?

BERTHE.
Je suis jalouse!..

HENRIETTE.
Jalouse!

BERTHE.
Oui... jalouse.

HENRIETTE.
A tort peut-être... bien souvent les apparences sont menteuses...

BERTHE.
Les apparences!.. Est-ce que nous nous trompons à ces choses-là, nous autres femmes?.. est-ce que nous n'avons pas dans le cœur un instinct secret, une seconde vue mystérieuse qui nous révèlent les trahisons les mieux cachées? est-ce qu'enfin je souffrirais tant, si Henri n'était pas coupable?..

HENRIETTE.
Calme-toi, je t'en supplie, chère Berthe, et dis-moi quels motifs?...

BERTHE.
Henri ne m'aime plus!... ma vie est toujours toute à lui... la sienne n'est plus à moi... il cherche, il trouve des prétextes chaque matin pour me quitter plus tôt, chaque soir pour me revenir plus tard... Il a un ami, un faux ami qui l'entraîne loin de moi...

HENRIETTE.
M. René de Savenay?..

BERTHE.
Il ne quitte plus Henri... il a pris sur lui un étrange et incompréhensible ascendant... Il lui fait partager sa vie frivole, et Henri se laisse dominer par ce funeste ami... Une lutte était engagée entre Henri, le génie du bien, et M. de Savenay, le génie du mal... le mauvais ange a triomphé!..

HENRIETTE.
Qui te l'a dit?..

BERTHE.
C'était hier mon jour de loge à l'Opéra... Henri, en me quittant immédiatement après le dîner, m'avait prévenu qu'il passerait la soirée à son club et qu'il ne viendrait pas au théâtre. Je me trouvais isolée et bien triste dans ma loge, quand, à la fin du troisième acte du Prophète, la marquise de Fontenay vint me faire une visite, et, après avoir échangé avec moi quelques paroles insignifiantes, elle se pencha sur le devant de la loge, et se mit à passer en revue, avec une singulière attention, toutes les baignoires du rez-de-chaussée; puis, au bout de quelques minutes d'examen, elle me demanda : « Quelle est donc cette ravissante personne qui se trouve toute seule dans la troisième baignoire à la gauche de l'orchestre? » Je regardai à mon tour, et je vis une femme d'une beauté merveilleuse, vêtue d'une robe de velours noir étrangement décolletée, portant des bracelet de sequins autour de ses bras nus et des grappes de corail rose enlacées aux nattes épaisses de sa splendide chevelure brune. Elle tenait à la main droite une jumelle, et de la main gauche un énorme bouquet de roses blanches et de violettes de Parme. Je ne connaissais pas cette femme... je le dis à la marquise. « Ah! fit-elle alors avec une naïveté vraie ou fausse, cela étant, je

me suis trompée. Figurez-vous que tout à l'heure, quand je suis arrivée, j'ai passé devant cette baignoire, dont la porte était entr'ouverte, et j'ai vu un jeune homme qui s'effaçait dans l'ombre présenter à cette charmante personne le bouquet qu'elle tient à la main. Ce jeune jeune homme avait quelque chose du visage et de la tournure de M. de Preuil. »

HENRIETTE.

Ah ! mon Dieu ! ton mari ?...

BERTHE.

« J'ai cru que c'était lui, continua la marquise, et voilà pourquoi, je vous ai demandé quelle était cette dame... Vous voyez, ma chère amie, que j'ai été dupe d'une ressemblance, ce qui est la chose du monde la plus simple. » Madame de Fontenay me quitta au bout d'un instant et malgré moi mes yeux se portèrent vers la baignoire ; soit hasard, soit intention, la femme aux grappes de corail ne lorgnait avec une persistance insolente. Au même instant, ce jeune homme que m'avait désigné la marquise, surpris par mon regard, se rejetait vivement au fond de la loge... mais trop tard... je l'avais reconnu... c'était lui, c'était lui !..

HENRIETTE.

Ah ! ma pauvre Berthe, songe que la jalousie te rendrait folle, et peut-être...

BERTHE.

Je te dis que c'était lui !.. je sentis que mon cœur se gonflait et que des larmes allaient jaillir de mes yeux. Je me levai... je sortis de ma loge et je quittai le théâtre... Au moment où je rentrais chez moi, brisée de corps et d'âme, mon valet de chambre me remit une lettre apportée pendant la soirée par un domestique inconnu... cette lettre ne contenait qu'une ligne, mais pour moi cette ligne était un coup de foudre... regarde !

HENRIETTE, lisant.

« Madame, votre mari ne rentrera pas cette nuit. » (Vivement.). — La lettre a menti n'est-ce pas ?..

BERTHE.

Non !.. La lettre a dit vrai !.. depuis hier j'attends... désespérée, presque mourante... et Henri n'est pas revenu !..

HENRIETTE.

Oh ! pauvre amie ! Toi que je croyais heureuse à ce point que j'enviais presque ton bonheur !..

BERTHE.

Tu vois bien que je suis trahie !.. tu vois bien que je suis perdue !..

HENRIETTE, à elle-même.

Pauvre chère enfant !.. quelle douleur !.. Mais, j'y songe, mon frère aussi a de l'empire sur M. de Preuil... et peut-être parviendra-t-il à combattre l'influence de M. de Savenay... je vais le voir... (Haut.) Espère encore !.. sois patiente et bonne... il t'aime toujours... il te reviendra !.. (Elle sort.)

SCÈNE III.

BERTHE, seule.

Non, je n'espère plus, non, je n'attends plus rien... Mon âme était pareille à ces pauvres fleurs embaumées qui vivent d'un rayon de soleil... le soleil de mon âme, c'était l'amour d'Henri... la tempête est venue... le rayon s'est éteint... La fleur est fanée... l'âme est morte... (Elle se laisse tomber sur un siège, et s'absorbe dans une rêverie douloureuse. Une porte s'ouvre doucement. M. de Preuil paraît sur le seuil. Il est très-pâle et semble hésiter.)

SCÈNE IV.

BERTHE, HENRI.

HENRI, à lui-même.

Comme elle est pâle et désolée ! que vais-je lui dire, mon Dieu ! (Il fait un pas en avant.)

BERTHE, relevant la tête, voyant Henri, poussant un cri et courant à lui.

C'est vous !.. enfin, c'est vous !..

HENRI, lui prenant les mains.

Vos mains sont glacées, chère Berthe... vous êtes pâle... souffrez-vous donc ?

BERTHE.

Il me demande si je souffre !..

HENRI.

Mais, au nom du ciel, qu'avez-vous ?

BERTHE.

Henri, Henri que vous ai-je donc fait ?

HENRI.

Ce que vous m'avez fait, à moi, chère Berthe ; que voulez-vous dire ?..

BERTHE.

Vous me tuez, Henri !.. vous me tuez d'une façon bien cruelle et bien douloureuse, et je cherche vainement par quelle faute commise envers vous j'ai pu mériter les tortures que vous m'infligez sans pitié... Henri, de quoi suis-je coupable ?.. Dites-le moi, au nom du ciel, car, en vérité, je ne le sais pas ! J'interroge mon cœur et ma conscience... Ni l'un ni l'autre ne me répondent ! Je n'ai jamais eu une pensée qui ne fût à vous !.. Je vous ai toujours aimé... je vous aime... je vous aimerai toujours !.. que me reprochez-vous donc et pourquoi me faites-vous souffrir ainsi ?.. Ah ! si vous saviez, si vous pouviez savoir ce que les heures qui viennent de s'écouler m'ont apporté d'angoisses et de désespoir, vous auriez pitié de moi !.. Encore une nuit comme celle-ci, et je serai morte, ou je serai folle !.. Je sais bien qu'un bonheur aussi grand que celui que vous m'aviez donné ne pouvait pas durer toujours... mais, du haut d'un bonheur pareil, tomber brusquement dans les supplices que j'endure, c'en est trop, Henri !.. c'en est plus que mon pauvre cœur et ma pauvre tête n'en peuvent supporter sans faiblir et sans se briser... Je sens que je me meurs, mon ami, et je n'ai pas voulu mourir sans savoir au moins pourquoi vous m'avez condamnée.

HENRI.

Berthe, c'est à mon tour de vous demander : Que vous ai-je donc fait ? d'où vient ce désespoir, et pourquoi me parlez-vous ainsi ?

BERTHE.

Vous ne le savez pas ?

HENRI.

Non, je ne le sais pas.

BERTHE.

Où donc étiez-vous cette nuit ?..

HENRI, avec embarras.

Où j'étais... j'étais au club en train de perdre mon argent au whist. (Berthe le regarde fixement... Henri baisse les yeux malgré lui sous ce regard.)

BERTHE, après un silence.

Henri, je ne veux pas vous interroger... Cela vous épargnera du moins la honte de mentir.

HENRI.

Mentir !..

BERTHE.

D'ailleurs, ma résolution est prise... irrévocablement prise, et vous ne sauriez rien y changer.

HENRI, avec effroi.

Berthe, que voulez-vous dire ?

BERTHE.

Je dis que je suis lasse de souffrir... je dis qu'une mort prompte vaut mieux qu'une lente agonie !.. Je dis que vous m'avez blessée dans mon amour ! Entre nous, tout est fini désormais... je reprends un cœur dont vous ne voulez plus... je retournerai auprès de mon père, et je demanderai à Dieu de m'accorder l'oubli, en attendant qu'il me fasse la suprême grâce de m'appeler à lui !

HENRI.

Berthe, vous ai-je bien comprise ?.. avez-vous véritablement parlé de vous éloigner de moi ?..

BERTHE.

Oui.

HENRI.

Vous me quitteriez ?

BERTHE.

Je vous quitterai, vous qui m'abandonnez.

HENRI.

Vous retournerez auprès de votre père ?..

BERTHE.

Lui du moins ne changera jamais !

HENRI.

Croyez-vous donc que j'y consentirai ?

BERTHE.

Qu'importe que vous y consentiez, puisque moi je le veux !..

HENRI.

Je suis votre mari, et j'ai des droits sacrés...

BERTHE.

Vous les avez abdiqués vous-même.

HENRI.

J'userai de ces droits si vous m'y contraignez.

BERTHE.

Vous voyez cette pendule ?.. Dans une heure je serai partie !..

HENRI, après un silence.

Berthe, je ne veux plus vous parler de mes droits... je ne veux me souvenir que de mon amour... Berthe, je n'ordonne plus, je supplie... puisque vous savez ce que souffre un cœur qui se brise, ayez pitié de moi, restez...

BERTHE.

Avez-vous eu pitié, vous, Henri ?

HENRI.

Oh! Berthe, ne m'écrasez pas !.. laissez à l'avenir le soin d'effacer le passé... je n'ai jamais cessé de vous aimer.., je vous aime plus que jamais... je suis à vos genoux... j'y suis suppliant... j'y suis repentant... j'y suis désespéré... Berthe, vous êtes un ange, et les anges pardonnent. Accordez-moi ma grâce !.. accordez-moi la vie; car je vous jure que j'aimerais mieux mourir que de me séparer de vous. (Berthe semble hésiter... Henri reprend d'un ton suppliant.) Par pitié pour moi, par pitié pour vous-même, ne creusez pas un abîme entre le passé et l'avenir !.. Laissez-moi tenter de reconquérir cette divine tendresse qui est mon bonheur et qui est ma vie !.. Ne soyez pas sans miséricorde... Berthe... Berthe ! Oh ! pardon !.. pardon !.. pardon !..

BERTHE.

Eh bien ! s'il est vrai que vous m'aimiez encore, s'il est vrai, comme vous le dites, que vous préfériez la mort à une séparation devenue nécessaire, je consens à vous croire et à vous pardonner... mais à une condition...

HENRI.

Laquelle ?

BERTHE.

C'est que nous quitterons Paris...

HENRI.

Mais vous me demandez là ce que j'allais vous offrir moi-même...

BERTHE, avec joie.

Ainsi, vous consentez ?

HENRI

Je consens de toute mon âme!

BERTHE.

Nous quitterons Paris!

HENRI.

Pour toujours, si cela vous plaît...

BERTHE.

Et quand partirons-nous?..

HENRI.

Demain, si vous le désirez... aujourd'hui, s'il se peut...

BERTHE, avec ivresse.

Oh! j'ai tout oublié !.. je t'aime, Henri... je t'aime.. je t'aime ! (Henri la prend dans ses bras, Berthe cache son visage dans la poitrine de son mari.)

HENRI.

Berthe... tu pleures... tu pleures encore...

BERTHE, regardant Henri en souriant.

C'est l'émotion... c'est la joie! (Après un temps.) Mon ami, vous m'avez offert de partir demain si je le voulais... aujourd'hui même si cela était possible .. Je veux vous prouver que je ne suis point une femme capricieuse et fantasque, je veux vous prouver que je ne doute plus de vous... maintenant que votre cœur m'est rendu...

HENRI.

Ah ! pour toujours!.. pour toujours!..

BERTHE.

Vous devez avoir quelques affaires à régler à Paris, au moment où va commencer une absence dont nous ignorons le terme.

HENRI.

J'en ai sans doute... mais cela n'intéresse que notre fortune, et qu'importe?..

BERTHE.

Il importe beaucoup, au contraire, et je veux, entendez-vous bien, je veux que vous mettiez ordre aux affaires dont il s'agit: je désire vous donner, pour cela, tout le temps nécessaire... Aurez-vous assez de trois jours?..

HENRI.

J'aurai trop... quelques heures me suffiront et au delà...

BERTHE, souriant.

Oui, mais moi, de mon côté, j'aurai à terminer des préparatifs de départ qui ne manquent point d'importance ; je vais m'en occuper sur-le-champ. (Elle sonne. Au valet qui entre:) Faites atteler ! (A Henri.) Je prétends, dans notre solitude, me faire, pour vous séduire, très-belle et très-coquette.

HENRI.

Coquette? eh! que pouvez-vous ajouter à ce que Dieu vous a donné de grâce et de beauté?..

BERTHE.

Oubliez-vous donc ce sage et vieux proverbe : Aide-toi, le ciel t'aidera !... A bientôt, mon Henri !..

HENRI.

A toujours!.. (Berthe sort par la droite en envoyant à son mari un dernier baiser.)

SCÈNE V.

HENRI, seul.

Non, je n'ai pas menti en lui disant que je voulais partir!.. Dieu m'est témoin que je veux m'éloigner de ce Paris fatal,... de cette femme maudite qui m'a fait, pour une heure, oublier le seul amour de toute ma vie !.. Fuir surtout ce Réné, ce dangereux ami que j'espérais sauver et qui m'a presque perdu!.. Loin de ce monde impur et funeste, le bonheur reviendra pour ne plus s'envoler...

LE DOMESTIQUE, annonçant.

Monsieur le baron Réné de Savenay.

HENRI.

Lui !..

SCÈNE VI.

HENRI, RÉNÉ.

RÉNÉ.

Bonjour, cher comte... (Il lui tend la main que Henri prend avec une expression de froideur marquée.)

HENRI.

Bonjour.

RÉNÉ.

Je viens vous adresser, mon cher, mes félicitations bien sincères.

HENRI.

Et à quel sujet?

RÉNÉ.

Eh! pardieu, au sujet de votre triomphe, heureux vainqueur!.. vous avez tourné la tête d'Esther la juive... Esther la belle, comme on l'appelle dans notre monde!.. Elle est folle de vous, la chère enfant!..

HENRI.

Le croyez-vous?..

RÉNÉ.

Elle me l'a dit.

HENRI, avec un sourire sardonique.

Conquête glorieuse, en effet!..

RÉNÉ.

N'en doutez pas, car elle était vivement disputée... On sera furieux au club quand on saura que vous l'avez emporté sur tous vos rivaux!.. Cette pauvre Esther, vous savez qu'elle est très-sentimentale?..

HENRI.

Je l'ignorais...

RÉNÉ.

Oui, mon cher ami; depuis que vous êtes l'esclave régnant, elle se pose en Marion Delorme... elle songe à quitter le monde, elle comprend Marguerite Gauthier à Bougival et traite Marco avec une vertueuse indignation! Elle parle d'ensevelir son amour dans un désert... elle rêve *une chaumière et son cœur*... C'est très-joli!.. Mais vous comprenez bien que nous autres qui avons vécu, nous savons sur le bout du doigt notre Gavarni, et nous sommes médiocrement dupes des fourberies des femmes en matière de sentiment... Mais enfin peut-être serait-il de bon goût de passer un peu à Esther sa fantaisie de villégiature... Une maisonnette, ni trop près ni trop loin de Paris, c'est très-commode pour un mari-garçon... La maîtresse à la campagne... c'est adroit et peu compromettant. (A part.) Sans compter que le mari à la campagne laisse le champ libre à l'amant...

HENRI.

Enfin... mon cher Réné?

RÉNÉ.

Enfin, vous ferez ce que vous voudrez; mais moi, à votre place, je n'hésiterais pas,.. Vous souvenez-vous de la villa de notre ami Chazelles, à Chantilly ?

HENRI.

Très-bien!

RÉNÉ.

Elle est à vendre... Ce pauvre Chazelles vient de perdre cent mille écus au baccarat, et fait flèche de tout bois pour payer ses dettes de jeu... Je lui ai acheté ce matin ses chevaux anglais... Vous lui rendrez un vrai service en vous arrangeant de la villa... Ce serait une galanterie princière d'offrir à Esther cette chaumière... une chaumière de vingt mille écus... et votre cœur par-dessus le marché. Qu'en dites-vous?

HENRI.

Je dis que vous êtes un ami précieux... je vous remercie du renseignement et j'en profiterai sans retard... Je vais partir...

RÉNÉ.

Pour où ?

HENRI

Pour Chantilly.

RÉNÉ

Vous achetez la maison ?

HENRI.

Certes... j'achète la maison...

RÉNÉ.

Pour Esther ?..

HENRI.

Pour ma femme.

RÉNÉ.

Hein ? vous dites ?..

HENRI.

Je dis qu'il faut en finir avec une situation qui m'écrase !.. Je dis que, sans le vouloir, sans le savoir peut-être, vous m'avez fait bien du mal, mais que je vous pardonne cependant, car j'ai sauvé ma vie du désastre qui la menaçait !.. A partir de cette heure, Réné, nous ne suivrons plus la même route ! Allez où vous conduisent les entraînements de la folie et du caprice, avec lesquels je romps sans retour !.. Cherchez le plaisir dans les joies bruyantes et dans les faciles amours !... moi, je garde le bonheur des chastes tendresses !.. ce bonheur infini, le seul divin, le seul durable !.. Je garde mon trésor, que j'ai failli perdre, et que je saurai bien, désormais, défendre et conserver !

RÉNÉ.

Mais, c'est une désertion, cela !

HENRI.

Non, Réné, c'est une victoire ! (Changeant de ton.) Ainsi, c'est convenu, je vais m'occuper, sur-le-champ, de l'acquisition que vous me conseillez, et dont je veux faire la surprise à madame de Preuil. Permettez-moi de lui écrire deux mots pour la prévenir de mon absence. (Il s'est assis et a commencé à écrire.)

RÉNÉ.

C'est parfait ! Écrivez. (A part.) Je vais écrire aussi, moi... (Il écrit sur son agenda et déchire la feuille après avoir écrit. Il plie et cachette avec un pain à cacheter qu'il prend sur le bureau même. — Henri a également écrit et cacheté. Il frappe sur un timbre ; entre un domestique.)

Cette lettre à Madame. (Le valet prend la lettre et va sortir. Réné le retient, lui montre une bourse. Le valet la prend, lui remet la lettre de Henri. Réné lui donne à la place la lettre qu'il vient d'écrire.)

HENRI.

Maintenant je pars pour Chantilly.

RÉNÉ.

Aurais-je le plaisir de vous revoir, mon cher comte ?

HENRI.

Je ne crois pas, monsieur le baron ; dans trois jours j'aurai quitté Paris pour n'y plus revenir.

RÉNÉ, à part.

Nous verrons. (Ils sortent ensemble par le fond.)

SCÈNE VII.

LE DOMESTIQUE, seul.

Diable... je joue gros jeu !.. M. de Savenay devient d'une exigence !.. hier au soir, un billet à Madame... un autre tout à l'heure... et de plus la lettre du mari supprimée... C'est grave ! il est vrai qu'il y a des compensations... la bourse d'hier valait bien une année de mes gages... celle d'aujourd'hui en vaut deux... Allons, je peux risquer de perdre ma place. Risquons.

SCÈNE VIII.

BERTHE, LE DOMESTIQUE.

BERTHE, à elle-même.

Enfin !... — J'ai vu ma couturière, ma modiste... et maintenant toute ma soirée est à lui. (Au valet.) Où est M. le comte ?

LE DOMESTIQUE.

Il est sorti, Madame.

BERTHE.

Seul ?

LE DOMESTIQUE, à part.

Faut-il lui dire ?

BERTHE.

Eh bien ?

LE DOMESTIQUE.

Oui, madame la comtesse, tout seul.

BERTHE.

Il n'a rien dit pour moi ?..

LE DOMESTIQUE.

Rien, madame la comtesse...

BERTHE.

C'est bizarre. (Au domestique.) C'est bien.

LE DOMESTIQUE.

Pardon... ce billet pour Madame.

BERTHE.

Donnez. (Le domestique s'incline et sort.)

SCÈNE IX

BERTHE, seule.

Ce billet... la même écriture... que signifie ?.. Encore un avis anonyme !.. (Lisant.) « Pas plus cette nuit que la nuit passée votre mari ne rentrera. Trouvez-vous ce soir à dix heures, allée des Veuves. Entrez dans la maison qui porte le numéro 17, votre mari sera déjà dans cette maison et n'y sera pas seul. — Un ami inconnu. » (Berthe pousse un cri déchirant et tombe dans son fauteuil. Elle reste pendant un instant immobile et muette, pâle et anéantie, puis elle se lève brusquement en faisant un geste de résolution désespérée.) Dix heures !.. ah ! j'y serai aussi, moi !

QUATRIÈME TABLEAU.

Un petit salon très-coquet dans la maison de l'allée des Veuves.

SCÈNE PREMIÈRE.

RÉNÉ, seul, puis LAROSE.

RÉNÉ, seul, il marche à grand pas, et s'arrête devant la pendule.

Viendra-t-elle ?.. Violette affirme que ce n'est pas douteux... Enfin nous verrons !.. Quel adroit démon que cette Violette et comme elle organise un plan d'embuscade !.. Tout est préparé !.. tout est prévu !.. Le mari, retenu à Chantilly pour son acquisition, ne rentrera que fort tard cette nuit. Or, à dix heures précises, Madame de Preuil, aiguillonnée par la jalousie et pleine de déférence pour les avis de son correspondant anonyme, descendra d'un fiacre mystérieux à la porte de cette maison qui se refermera sur elle... Allons, sans être fat... j'ai des chances ! (Il sonne. Entre Larose.)

LAROSE.

Monsieur le baron...

RÉNÉ.

Vous êtes un homme intelligent, maître Larose ?..

LAROSE.

Je m'en flatte...

RÉNÉ.

Vous êtes discret ?..

LAROSE.

Comme une tanche...

RÉNÉ.

Vous avez de l'esprit ?..

LAROSE.

Gros comme moi... si j'étais gros !.. J'ai même celui de paraître bête, ce qui n'est pas un mince mérite !

RÉNÉ.

Alors vous pourrez me servir ?..

LAROSE.

Dans vos amours... monsieur le baron ?.. absolument comme Figaro servit le comte Almaviva !..

RÉNÉ.

Eh bien, d'abord... (Tirant son portefeuille.) retenez cette adresse : Mademoiselle Aline Girard, rue de Chaillot, 95 !..

LAROSE, se frappant le front.

C'est gravé là, monsieur le baron.

RÉNÉ.

Il s'agit d'une petite personne qui me plaît ; ayez-moi des renseignements.

LAROSE.

Ah ! Monsieur le baron, c'est vraiment par trop facile !..

RÉNÉ.

Maintenant, autre chose : vous allez vous installer dans le jardin, près de la porte qui donne dans l'allée des Veuves... Vous entendrez dans un instant une voiture s'arrêter, on sonnera... vous ouvrirez à une femme... voilée sans doute... vous frapperez sur le timbre du vestibule pour me prévenir... vous amènerez ici cette dame...

LAROSE, montrant la porte du fond.

Par cette porte?

RÉNÉ, en désignant une autre à droite.

Non, par là!

LAROSE.

L'escalier dérobé... très-bien...

RÉNÉ.

A partir de ce moment, personne ne devra plus pénétrer dans la maison : Vous avez compris?

LAROSE.

Parfaitement!.. Et si cette dame m'adressait quelques questions, que devrais-je répondre?

RÉNÉ.

Rien; surtout que mon nom ne soit pas prononcé.

LAROSE.

Il suffit, Monsieur le baron, entendre, c'est obéir!..

SCÈNE II.

RÉNÉ, seul.

Ce faquin!.. il doit me voler horriblement! (Prêtant l'oreille.) Il me semble que je viens d'entendre une voiture s'arrêter... serait-ce déjà Madame de Preuil? (La pendule sonne dix heures.) Ce doit être elle! mon cœur bat!.. elle est si belle, si belle et si dédaigneuse!.. et si fière de son amour pour cet Henri que je déteste!.. Et cependant tout à l'heure, il faudra bien qu'elle m'écoute, il faudra bien qu'elle m'entende... (Le timbre résonne.) La voici!.. Qu'ai-je donc?.. j'hésite... je regrette... il est trop tard et le sort en est jeté...

LAROSE, ouvrant la porte du petit salon.

Que Madame veuille bien se donner la peine d'entrer ici. (La porte se referme derrière Berthe.)

SCÈNE III.

BERTHE, RÉNÉ.

BERTHE, voilée, très-émue, se soutenant à peine.

Oh! pourquoi suis-je venue?.. j'ai peur... j'ai peur.

RÉNÉ.

Madame la comtesse...

BERTHE.

Monsieur de Savenay!

RÉNÉ.

Oui, Madame, moi-même!.. Le plus humble de vos serviteurs, le plus dévoué de vos amis...

BERTHE.

Vous, ici, Monsieur!.. mais alors vous connaissez sans doute le triste motif de ma présence dans cette maison?

RÉNÉ.

Je le connais, Madame.

BERTHE.

Et peut-être savez-vous aussi quel est l'auteur anonyme du billet que j'ai reçu ce soir?..

RÉNÉ.

L'auteur de ce billet, c'est moi...

BERTHE.

Vous!.. l'ami de mon mari!..

RÉNÉ.

Je suis encore plus le vôtre.

BERTHE.

Ainsi, ce que contient ce billet..?

RÉNÉ.

N'est, hélas! que trop vrai, Madame...

BERTHE.

Ainsi, cette maison..?

RÉNÉ.

Est le théâtre habituel des rendez-vous de M. de Preuil...

BERTHE.

Et il s'y trouve en ce moment?..

RÉNÉ.

Il y sera dans quelques minutes, et vous pourrez, par vos propres yeux, vous assurer que je n'ai pas menti.

BERTHE.

Je ne sais si je dois vous remercier de ce que vous avez fait. Vous vous dites mon ami, Monsieur, et vous éclairez pour moi l'abime dans lequel est tombé mon mari... mais cet abime, n'est-ce pas un peu vous qui l'avez creusé sous ses pieds?.. Je crois fermement que, si Henri ne vous avait pas connu, bien des hontes et bien des douleurs auraient été épargnées, à lui comme à moi...

RÉNÉ.

Vous êtes injuste envers moi, madame la comtesse...

BERTHE.

Injuste!.. comment?

RÉNÉ.

Vous m'accusez d'avoir perdu M. de Preuil, et je vous jure qu'au contraire, en toute occasion et de tout mon pouvoir, j'ai lutté contre le dangereux courant qui l'entrainait... j'ai été vaincu dans la lutte!..

BERTHE.

Mais, alors, puisque vous me parliez tout à l'heure de l'intérêt que je vous inspire, pourquoi ne pas m'avoir prévenue plus tôt?.. lorsque peut-être il était temps encore!

RÉNÉ.

Hélas! Madame, c'est un triste rôle à jouer que celui de délateur...

BERTHE.

Ce rôle, cependant, aujourd'hui vous l'avez accepté?..

RÉNÉ.

J'ai longtemps hésité, Madame... mais un moment est venu où j'ai cessé d'être le maître de ma volonté et de mes actions! je ne m'appartenais plus!.. et le motif qui me poussait à agir était si puissant, que je lui aurais tout sacrifié!..

BERTHE.

De quel motif parlez-vous? je ne vous comprends pas...

RÉNÉ.

Comment me comprendriez-vous?.. vous ne savez pas ce qui se passe en moi... vous ignorez... (Il s'interrompt.)

BERTHE.

Quoi donc?..

RÉNÉ.

Oh! ne vous irritez pas, Madame, et pardonnez-moi ce cri de mon cœur... cet aveu qui, malgré moi, s'échappe de mes lèvres : Je vous aime!..

BERTHE, reculant avec effroi.

Monsieur!..

RÉNÉ.

Je vous aime, Madame!.. je vous aime comme un fou!.. je vous aime d'un ardent amour, qui désormais est toute ma vie!..

BERTHE.

Monsieur de Savenay, je devrais considérer comme une insulte les paroles insensées que vous venez de prononcer... je le devrais, mais je ne le veux pas... Ces paroles, vous regretterez de les avoir prononcées, comme je regrette, moi, de les avoir entendues... elles m'affligent sans m'irriter, car je crois que je ne les méritais point... je pardonne et j'oublie, oublions tous les deux!..

RÉNÉ.

Oublier?.. Eh! le puis-je?.. il faudrait donc alors oublier mon amour?..

BERTHE.

Encore, Monsieur!..

RÉNÉ.

Oui, Madame, encore et toujours!.. car toujours je vous aimerai!..

BERTHE.

N'était-ce donc pas assez d'une première insulte?..

RÉNÉ.

Insulte-t-on ce qu'on adore?.. Dieu ne permet-il pas qu'on l'aime?..

BERTHE.

Assez! Monsieur! assez!.. j'avais cru qu'en faisant un appel aux sentiments généreux de votre cœur, je serais entendue... je m'étais trompée... je pars... (Elle se dirige vers la porte. Réné s'y trouve avant elle, et, les deux bras croisés sur la poitrine, lui barre le chemin.) Je vous en prie, Monsieur, je vous en supplie, laissez-moi passer!..

RÉNÉ.

Non, Madame!..

BERTHE.

Vous voyez que je tremble, monsieur de Savenay, et que je souffre, et que j'ai peur... Ayez pitié de moi!

RÉNÉ.

Vous aussi, Madame, ayez pitié de moi... je vous aime...

BERTHE.

Au nom du ciel!..

RÉNÉ.

Je vous aime!..

BERTHE, tombant à genoux.

Au nom de votre mère!..

RÉNÉ.

Je vous aime! Madame!.. je vous aime!.. et vous ne sortirez pas...

BERTHE, se relevant.

Qui m'en empêchera?..

RÉNÉ.

Moi !..

BERTHE.

Ainsi, je suis prisonnière ?

RÉNÉ.

Oui.

BERTHE.

Ainsi, vous me retiendrez ici par la force ?

RÉNÉ.

Par la force s'il le faut.

BERTHE.

Pour votre honneur, je ne veux pas vous croire, et la preuve... (De nouveau, elle fait deux pas vers la porte du fond.)

RÉNÉ, l'arrêtant et l'enlaçant dans ses bras.

Vous ne sortirez pas !

BERTHE, s'arrachant de ses bras.

Monsieur ! l'homme qui porte la main sur une femme est un lâche.

RÉNÉ.

Un lâche ! (Dans ce mouvement, le bracelet de Berthe tombe sans qu'elle ni René s'en aperçoivent.)

BERTHE.

Ah ! maintenant, je vous connais bien !.. Et tenez, puisque par votre volonté nous sommes là tous deux en face l'un de l'autre, il faut que je vous dise ce que je pense de vous! Cela seulement peut à mes yeux laver la honte de vous avoir ouvert ma maison ! Vous avez joué, et avec quel cynisme, la plus honteuse de toutes les comédies : celle de l'amitié ; vous avez surpris, vous avez volé l'affection de mon mari.. Cette confiance, cette tendresse qu'il vous accordait, comment les avez-vous payées ?.. par la trahison, par la délation, par le mensonge!.. Vous mentez toujours! vous mentez comme on respire!... Vous dites que vous m'aimez... Dieu m'a préservée, et qu'il en soit béni, de cette suprême honte d'être aimée par vous !.. Entre nous, grâce au ciel, il y a un abîme... un abîme infranchissable; et vous le savez si bien, que pour vous donner le courage de prononcer le mot *amour*, il a fallu que vous m'eussiez attirée dans un piège ; il a fallu, qu'abusée par vos fourberies, je fusse venue me mettre à votre disposition, sans appui, sans défenseur... Eh bien ! ma faiblesse brave votre force ! elle vous défie, elle vous méprise !.. Monsieur le baron de Savenay, vous couvrez d'infamie le nom que vous a légué votre famille ! Vous n'êtes pas un gentilhomme : vous êtes un misérable !... Et maintenant, Monsieur, je veux sortir, rangez-vous !.. (René, anéanti, laisse la porte libre. Berthe, la tête haute, passe devant lui et ouvre cette porte. Elle sort en le dominant toujours du regard et du geste.)

SCÈNE IV.

RÉNÉ, seul.

Allons! je suis vaincu! je n'étais plus, sous l'éclat de sa colère, qu'un enfant sans force et sans volonté!.. Mais, qu'a-t-elle donc, cette comtesse, Berthe pour m'anéantir et me dominer ainsi?.. Elle m'a dit, et j'ai courbé la tête... elle m'a dit : Monsieur de Savenay, vous êtes un lâche!.. Ah!... allons, l'honneur est perdu... Maintenant, j'irai jusqu'au bout, dussé-je y laisser la vie!.. (Violette entre sans être vu de René.) Je ne l'aime pas, a-t-elle dit?.. Non, je ne l'aime pas... elle a raison... Je la hais, je la déteste du plus profond de mon âme... Il n'y a plus de pensées d'amour dans mon cœur... il n'y reste désormais qu'un désir de vengeance... Mais comment se venger d'une femme?..

VIOLETTE, qui a ramassé le bracelet, le lui présentant.

Votre vengeance?.. la voilà !

RÉNÉ.

Violette!..

VIOLETTE, s'avançant.

Demain, tout Paris saura que la comtesse Berthe a oublié chez vous son bracelet!..

CINQUIÈME TABLEAU.

Le théâtre est coupé en deux dans sa largeur par une cloison. Le compartiment de gauche est la chambre de Cabirol. Le compartiment de droite forme une des pièces du logement d'Aline. Porte au fond, dans la chambre de gauche. Porte au fond et porte latérale dans celle de droite.

SCÈNE PREMIÈRE.

CABIROL, ALINE.

(Ils sont chacun chez soi et par conséquent séparés par la cloison... Aline reprise un châle.... Cabirol, son cornet à piston à la main, est debout en face d'un pupitre sur lequel se trouve une partition qu'il étudie.)

CABIROL, s'interrompant après quelques mesures.

Quand je pense qu'entre mon Aline et moi, il n'y a, à l'heure qu'il est, qu'une simple cloison, et que dans huit jours, avec la permission de M. le maire, il n'y aura plus rien du tout... Ah! sapristi! que voilà donc une pensée gracieuse... quoique légale. (S'approchant de la cloison et frappant trois petits coups.) Toc ! toc ! toc !

ALINE, riant.

Allons, bon ! voilà la conversation à travers murs qui va recommencer !..

CABIROL.

Êtes-vous là, ma future petite épouse ?

ALINE.

Oui, monsieur mon mari futur, je suis là.

CABIROL.

A quoi pensez-vous, s'il vous plaît ?

ALINE.

Pourquoi me demandez-vous cela ?

CABIROL.

Pour savoir si c'est à moi, et si vous m'aimez un peu.

ALINE, riant.

Non.

CABIROL.

Comment !.. pas un peu?.. pas seulement un peu ?

ALINE, le contrefaisant.

Eh ! non, Monsieur, pas un peu... pas seulement un peu... mais beaucoup...

CABIROL.

Ah ! je respire !.. vous m'avez fait une venette !.. Allons; je retourne à mon instrument !

ALINE.

Et moi, à mon aiguille. (Cabirol retourne à son pupitre et étudie, mais il fait fausses notes sur fausses notes... Aline interrompt sa besogne pour applaudir ironiquement.)

CABIROL.

C'est étonnant comme j'ai des distractions aujourd'hui. (Revenant à la cloison.) Eh ! voisine...

ALINE.

Eh ! bien, voisin ?

CABIROL.

Si vous me chantiez un peu cette petite chansonnette que j'aime tant, ça me remettrait peut-être dans le ton.

ALINE.

Je veux bien, mais à condition que vous m'accompagnerez... sans fausses notes.

CABIROL.

C'est difficile... mais on tâchera...

CABIROL.

Y êtes-vous ?

ALINE.

Oui !

CABIROL.

En si bémol !..

ALINE, chantant.

AIR nouveau de M. ALEXANDRE ARTUS.

Salut, salut, jeunesse blonde,
Sang rapide et cœur de feu!
La jeunesse est reine du monde,
Elle est fille de Dieu!

PREMIER COUPLET.

A vingt ans l'âme s'ouvre vite
A tous les gais espoirs,
Et le cœur à vingt ans s'agite
Pour des yeux bleus ou noirs;
Si nous sommes pauvres qu'importe...
Avons-nous besoin d'or?..
L'amour est là qui nous apporte
Un plus riche trésor!..
Salut, etc.

DEUXIÈME COUPLET.

Un jour, nous aurons la richesse
Alors nous serons vieux!
Aimons! Dieu donne à la jeunesse
L'amour qui vaut bien mieux!..
Oiseaux joyeux de la mansarde,
Aimons, c'est le printemps!
Ce trésor d'amour que Dieu garde,
Il l'offre à nos vingt ans.

Salut, salut, jeunesse blonde,
Sang rapide et cœur de feu!
La jeunesse est reine du monde
Elle est fille de Dieu!..

CABIROL, applaudissant frénétiquement.

Bravo! bravo!.. ah! bravo!.. vous êtes la fauvette de mon âme!.. (Il reprend le refrain en même temps qu'Aline.)

Salut, salut, jeunesse blonde.

CABIROL, après le chant.

Il y a un malheur... je ne peux pas m'accompagner quand je chante...

ALINE, riant.

Ah çà! mon futur, vous perdez la tête!

CABIROL.

La tête et le cœur. Oh! Aline!.. mais je ne les ferai point afficher!.. Je sais où ils sont... Je les ai perdus chez vous... Vous les avez trouvés... gardez-les!

ALINE.

Merci du cadeau, voisin.

CABIROL, à lui-même.

Ceux qui voudront voir un homme heureux n'auront qu'à me regarder le jour de ma noce!.. (Il embouche son instrument et commence une marche triomphale.)

ALINE, interrompant la fanfare que Cabirol vient de terminer par un couac.
Eh! dites donc, voisin?..

CABIROL.

Présent, voisine.

ALINE.

J'ai un petit service à vous demander.

CABIROL.

Un service! Dix-sept et vingt-un avec celui-là.

ALINE.

Je n'en veux qu'un... venez par ici...

CABIROL.

Je cours, je vole, je bondis. (Il se précipite hors de chez lui.)

ALINE.

Quel bon garçon que ce Cabirol, et quel bon petit mari je vais avoir!..

SCÈNE II.

ALINE, CABIROL.

CABIROL.

Me voici, voisine... voici votre futur présent, faites-vous servir!

ALINE.

Il ne s'agit que de m'aider à plier ce châle.

CABIROL.

On y va... mais d'abord, j'ai un caprice...

ALINE.

Lequel?

CABIROL.

Voilà. (Il lui met le châle sur les épaules.)

ALINE.

Quel enfantillage!

CABIROL.

Êtes-vous gentille avec ça... j'ai un autre caprice... Oh! n'ayez pas peur, il s'agit seulement de vous acheter un châle comme celui-là. Ça fera l'ornement de votre corbeille de mariage.

ALINE.

Mon pauvre ami, savez-vous ce que ça coûte?

CABIROL.

Dame! j'en ai vu à trente-sept francs cinquante.

ALINE.

Ajoutez-y une bagatelle...

CABIROL.

Combien?

ALINE.

Mille écus!

CABIROL.

Bah!... (Il se gratte l'oreille.) Aline, cachez-moi ça, j'en ai des éblouissements!

ALINE.

Aidez-moi donc à le plier.

CABIROL.

Mille écus!.. de quoi acheter un mobilier d'agent de change.

ALINE, tout en pliant le cachemire.

Mais grâce à ce luxe-là, mon ami, nous gagnons de quoi vivre, nous autres pauvres filles.. On me paye vingt francs le raccommodage d'un cachemire de mille écus!... Combien me payerait-on celui d'un châle de trente-sept francs!..

CABIROL.

C'est juste... Allons, le bon Dieu sait bien arranger les choses. Mais en avez vous beaucoup au moins de ces raccommodages?

ALINE.

Je ne me plains pas... ça ne va pas mal... et tenez, un Monsieur est venu hier au soir!

CABIROL.

Pourquoi faire?...

ALINE.

Pour me questionner sur le prix de mon travail...

CABIROL.

Pas autre chose?

ALINE.

Pas autre chose... Il ne s'agirait de rien moins que de six cachemires à raccommoder...

CABIROL.

Pour ce Monsieur?..

ALINE.

Non, pour une dame dont il m'a dicté l'adresse...

CABIROL, prenant un papier sur la cheminée et lisant.
Madame la baronne de Savenay, allée des Veuves, n° 17.

ALINE.

A deux pas d'ici.

CABIROL.

Et ce Monsieur vous apportera les châles?

ALINE.

Non, il est possible, au contraire, que j'aille les chercher moi-même chez cette dame.

CABIROL.

Ah! chez la baronne?..

ALINE.

Oui, chez la baronne.

CABIROL, se grattant la tête d'un air de défiance.
Cette baronne me tracasse!.. — Aline, nous serons mariés dans huit jours!

ALINE.

Sans doute... eh bien?

CABIROL.

Eh bien, dès à présent, promettez-moi de ne pas sortir sans moi.

ALINE.

Vous êtes jaloux?

CABIROL.

Jamais... ô Dieu! par exemple!... c'est-à-dire... Eh bien, oui, je suis jaloux! Aline. Qu'est-ce que ça vous coûte de me promettre...

ALINE.

Tout ce que vous voudrez, mon ami, je vous le promets, et de toute mon âme.

CABIROL, embrassant les mains d'Aline.

Tenez, vous êtes un ange!.. un beau petit ange!.. et vous rendriez votre père fou de joie...s'il ne l'était déjà d'amour!.. Au revoir, j'ai une course à faire...

ALINE.

Où ça?

CABIROL.

Je n'en sais rien. (A lui-même.) Allée des Veuves, n° 17.

ALINE.

Mais...

CABIROL.

Je n'en sais rien... j'ai du lait sur le feu!.. (Il se sauve en courant.)

SCÈNE III.

ALINE, seule, répétant une des paroles de Cabirol.

Eh bien, le voilà parti... il est bien original aujourd'hui, mon futur!.. Que peut-il craindre? Enfin, j'obéirai... c'est une bonne habitude à prendre. (Elle se remet au travail et fredonne.)

Salut, salut, jeunesse blonde,
Sang rapide et cœur de feu...

(La porte s'ouvre. — Larose, sans livrée, entre doucement.)

SCÈNE IV.

ALINE, puis CABIROL et LAROSE.

CABIROL, rentrant à droite.

Que je suis bête!.. j'oubliais mon chapeau... où est-il donc?.. Ah! il est venu un monsieur hier soir chez Aline... j'espère bien qu'il n'y reviendra pas. (Larose entrant à gauche.)

LAROSE, à part.

Décidément, mon maître a bon goût. (Haut.) Mademoiselle...

ALINE, se retournant vivement.

Ah! le Monsieur d'hier...

CABIROL, trouvant son chapeau.

Enfin le voilà!.. je vais savoir à quoi m'en tenir sur cette satanée baronne. (Il sort.)

LAROSE.

Oui, Mademoiselle; toujours de la part de madame de Savenay.

ALINE.

Eh bien?

LAROSE.

Cela va à merveille, votre prix est accepté... seulement, madame de Savenay est très-pressée... elle vous attend aujourd'hui même.

ALINE.

Aujourd'hui!

LAROSE.

A trois heures... il vous reste dix minutes pour mettre votre châle et votre chapeau.

ALINE, à elle-même.

O mon Dieu! et ma promesse à Cabirol? (Haut.) Je crois bien, Monsieur, qu'il ne me sera pas possible d'aller chez cette dame avant ce soir...

LAROSE.

Ce soir...

ALINE.

Certainement. (A part.) Avec lui, pauvre Cabirol!.. pour lui prouver qu'il a tort d'être jaloux.

LAROSE.

Pardon, Mademoiselle, mais madame de Savenay aura pris une autre ouvrière...

ALINE.

Cependant, Monsieur, un retard de deux heures est bien peu de chose...

LAROSE.

Que voulez-vous?.. les jolies femmes sont capricieuses et volontaires... venez tout de suite ou ne venez pas du tout... C'est à prendre ou à laisser...

ALINE, à elle-même.

A prendre ou à laisser... dans un instant où cet argent nous serait si utile, je n'ai pas le courage de dire non.

LAROSE.

Eh bien?

ALINE.

J'irai...

LAROSE.

Sur-le-champ?

ALINE.

Sur-le-champ.

LAROSE.

L'adresse... vous l'aviez écrite...

ALINE.

Je la sais par cœur... allée des Veuves, n° 17.

LAROSE.

Parfait!.. dépêchez-vous, mon enfant.

ALINE.

Je vous suis.

LAROSE.

Bravo! (A part.) L'alouette s'en va tête baissée chez l'oiseleur. (Il sort.)

SCÈNE V.

ALINE, seule, tout en mettant son châle et son chapeau.

J'ai peut-être tort... Cabirol avait l'air si inquiet, si malheureux quand il m'a fait promettre... Bah! ses inquiétudes n'ont pas de motif... Il sait bien que je l'aime, et que je n'aime que lui... la preuve, c'est que c'est pour lui, par amour pour lui, que je me décide à lui manquer de parole... Oui, je vais être sa femme, et, dans l'intérêt de notre ménage, je ne dois pas repousser cette bonne occasion qui m'est offerte... six cachemires à raccommoder!.. cent vingt francs pour nous deux!.. il faudra bien que Monsieur mon futur me pardonne, et je vais gagner ma dot à la pointe de mon aiguille. (Elle va sortir. Cabirol rentre.)

SCÈNE VI.

CABIROL, ALINE.

CABIROL.

Où allez-vous?

ALINE.

Comme vous êtes pâle! qu'avez-vous donc?

CABIROL.

Rien... Où allez-vous?

ALINE.

Mais...

CABIROL.

Où allez-vous?.. N'y allez pas... j'en viens...

ALINE.

Comment?

CABIROL.

Je viens de l'allée des Veuves!... je viens du numéro 17!... (A part.) Le Parc-aux-Biches!..

ALINE.

Vous y êtes allé?.. Pourquoi faire?..

CABIROL.

J'ai demandé au concierge la baronne de Savenay.

ALINE.

Que lui vouliez-vous?

CABIROL.

Aline, cette baronne a de la barbe!... cette baronne est un baron... et ce baron est un jeune homme!..

ALINE.

Un jeune homme qui a six cachemires à raccommoder!...

CABIROL.

Eh! il s'agit bien de cachemires!

ALINE.

De quoi s'agit-il donc?..

CABIROL.

Il s'agit... je l'ai deviné tout de suite, moi... il s'agit... Ah! c'est affreux... parce qu'il est riche... beau garçon... une pauvre fille qui ne se doute de rien... Ah! mais, vous ne voyez donc pas, Aline, que je suis furieux, que je voudrais étrangler ce baron-là... Comprenez-vous ce dont il s'agit?

ALINE.

Ah! pauvre Cabirol! (Lui tendant la main.) Rassurez-vous, mon ami, je n'irai pas.

CABIROL, sautant de joie.

Ah! merci! merci! Enfoncée, madame la baronne... C'est vous qu'elle attend... c'est moi qu'il va recevoir.

ALINE.

N'y retournez pas, je vous en supplie...

CABIROL.

Je n'ai vu que le concierge; il faut que je parle au patron; simple histoire de m'expliquer avec ce jeune Monsieur...

ALINE.

Cabirol, tout ceci ne vaut pas votre colère... n'y allez pas!

CABIROL.

J'irai...

ALINE.

Il ne vous recevra pas.

CABIROL.

Laissez donc! j'ai une manière à moi de me faire ouvrir les portes les mieux fermées.

ALINE.

Une manière!.. Laquelle?..

CABIROL, montrant, l'un après l'autre, ses deux poings fermés.

Regardez bien!.. Voici mon maître des cérémonies, et voilà mon introducteur des ambassadeurs!.. Au revoir, Aline, au revoir!.. (Il embrasse Aline sur le front et sort vivement.)

SIXIÈME TABLEAU.

Un petit salon chez Réné de Savenay, rue Saint-Lazare.

SCÈNE PREMIÈRE.

LAROSE, seul; il est endormi, tenant un cigare d'une main et de l'autre un journal. On sonne au fond; il se réveille en sursaut.

On y va!.. Tiens, je m'étais endormi en lisant... (Regardant son journal.) Les romanciers de ma patrie deviennent positivement bien médiocres... (On sonne encore.) Un instant donc, on y va!.. ça ne peut pas être monsieur le baron, j'aurais entendu les chevaux... serait-ce déjà notre jolie raccommodeuse de cachemires... (Coup de sonnette plus violent.) Diable! elle a le poignet solide!.. On y va!.. (Il va entr'ouvrir la porte, Cabirol paraît. Larose le retient entre les deux battants pendant les premières lignes de la scène.)

SCÈNE II.

LAROSE, CABIROL.

CABIROL.

M. le baron de Savenay, s'il vous plaît?..

LAROSE.
Il n'y est pas!.. Que lui voulez-vous?
CABIROL.
J'ai une lettre pour lui.
LAROSE.
Donnez!
CABIROL.
Non pas!
LAROSE.
Pourquoi?
CABIROL.
Une lettre de femme, un poulet.
LAROSE.
Ah! c'est différent... entrez donc!.. (Il la laisse passer.)
CABIROL, à part.
M'y voilà!..
LAROSE.
Vous disiez que cette lettre..?
CABIROL, d'un air naïf.
Moi? je ne disais rien du tout.
LAROSE.
Peut-on la voir?..
CABIROL.
Impossible!.. j'ai ma consigne.
LAROSE, à lui-même.
Sois discret tant que tu voudras, mon garçon, je vais te prendre par les sentiments... (Il ouvre un placard et il prend un cruchon et deux verres.) En attendant M. le baron, nous allons trinquer ensemble.
CABIROL, à lui-même.
Trinquer avec ce drôle, fi-donc!.. (Se ravisant.) Au fait, volontiers. (Larose remplit les deux verres.) Qu'est-ce que c'est que ce liquide?
LAROSE.
Curaçao de Hollande, mon bon ami...
CABIROL, après avoir bu.
La maison me paraît bonne!
LAROSE.
Redoublons!..
CABIROL.
Ça me va!..
LAROSE.
A votre santé!
CABIROL, à part, en trinquant.
Que le diable t'enlève!.. (Haut.) Oui... décidément la maison est bonne... (A dater de ce moment, Cabirol fait boire Larose en évitant de boire lui-même.)
CABIROL.
Votre maître est jeune et riche?
LAROSE.
Vingt-cinq ans et millionnaire.
CABIROL.
Vous êtes son valet de chambre?
LAROSE.
Je suis son homme de confiance, son factotum et son confident auprès des...
CABIROL.
Auprès du beau sexe?..
LAROSE.
C'est cela!
CABIROL, à part.
Gredin, va!.. (Haut.) Fichtre!... c'est une jolie position que vous avez-là!..
LAROSE.
Je me donne du mal, mais je réussis.
CABIROL, versant encore.
Avec des beautés faciles...
LAROSE, buvant.
Pas toujours... M. le baron me mettrait à la porte si je lui fournissais des vertus de pacotille... et tenez, tout à l'heure... pour vous, mon très-bon, je n'aurai pas de secret... nous allons recevoir une petite ouvrière... un trésor de gentillesse, une perle d'innocence.
CABIROL.
Continuez.
LAROSE.
Savez-vous comment je m'y suis pris pour attirer ce gracieux oiseau dans le trébuchet?
CABIROL.
Ma foi non!
LAROSE.
La chère enfant se figure qu'elle vient chercher de l'ouvrage chez madame la baronne de Savenay... vous entendez, madame la baronne, le portier est prévenu, et, ma foi...

CABIROL, à lui-même.
Ah! canaille! si je n'avais pas éventé la mèche, pourtant!
LAROSE.
Hein! qu'est-ce que vous avez?
CABIROL.
Rien... que voulez-vous que j'aie?.. continuez donc.
LAROSE.
Figurez-vous qu'il y a un imbécile...
CABIROL.
Plaît-il?
LAROSE.
Oui, un amoureux, un musicien, je ne sais quoi, un garçon qui a un nom ridicule, Laripole, Mirandole, Espingole... quelque chose comme ça, et qui doit épouser la petite. Riez donc, hein! riez donc!
CABIROL.
Pardieu! j'en meurs d'envie.
LAROSE.
Je ne le donnerais pas pour un louis, cet imbécile-là... A votre santé. (Il boit.) Vous ne buvez plus?
CABIROL.
Non.
LAROSE.
Alors, je serre tout cela; car maintenant M. le baron ne peut tarder.. (Il prend le cruchon, les verres, et les porte dans l'armoire.)
CABIROL, à lui-même.
Oh! une idée. (Il ferme vivement sur Larose la porte de l'armoire et donne un tour de clef. On entend un bruit de verres et de bouteilles qui se brisent.) Et d'un!
LAROSE, dans le placard.
Sacrebleu!
CABIROL, à lui-même.
Tu ne t'attendais pas à celle-là, mon bonhomme.
LAROSE, d'une voix étouffée.
Eh! l'ami! pourquoi m'enfermez-vous?
CABIROL.
J'ai mes raisons.
LAROSE.
Mais qui êtes-vous donc?
CABIROL.
Qui je suis?.. je suis l'imbécile...
LAROSE.
Quel imbécile?
CABIROL.
Pardieu! celui dont vous parliez tout à l'heure. L'amoureux, l'homme au nom ridicule, Mirandole, Espingole; enfin l'imbécile! l'imbécile qui épouse quand même. Riez donc, hein! riez donc!
LAROSE.
Monsieur, je vous fais mes excuses.
CABIROL.
Monsieur, je ne les accepte pas.
LAROSE.
Mais songez donc que mon maître va sonner tout à l'heure!
CABIROL.
J'y compte bien.
LAROSE.
Qui lui ouvrira?
CABIROL.
Moi.
LAROSE.
Mais il me demandera!
CABIROL.
Oh! soyez tranquille, il ne pensera même pas à vous.
LAROSE.
Mais moi, je crierai, j'appellerai!
CABIROL.
Ah! vous crierez, vous appellerez?
LAROSE.
De toute la force de mes poumons.
CABIROL.
Eh bien! mon très-bon, je vous préviens que si vous donnez suite à ce joli projet, au premier cri, au premier appel, j'ouvre la porte de votre armoire, et, quoique très-bon enfant de mon naturel... (Il va prendre une canne sur une table.) Tenez, je crois que je tiens la canne de votre maître. (Il va frapper sur l'armoire.)
LAROSE.
La canne de mon maître...
CABIROL.
Et je joue admirablement du bâton... je ne vous dis que ça.
LAROSE.
Miséricorde! vous êtes donc le diable?
CABIROL.
Pas le moins du monde... je suis tout bonnement l'imbé-

cile... (On sonne violemment à la porte de l'antichambre.) Voici sans doute M. le Baron... je vais lui ouvrir... pensez à sa santé... (Larose pousse un profond soupir et ne répond pas.)

SCÈNE III.

RÉNÉ, CABIROL.

RÉNÉ, entrant et sans regarder Cabirol.

Eh bien ! est-elle là ?

CABIROL.

Pas encore !

RÉNÉ, se retournant.

Ah ! ah !.. qui êtes-vous, l'ami ? et que faites-vous ici ?

CABIROL.

Ce que je fais ici, monsieur le baron ?.. vous le voyez, je vous ouvre la porte... qui je suis ? j'aurai le plaisir de vous le dire, si vous voulez bien m'accorder un entretien de deux minutes...

RÉNÉ.

Vous avez à me parler ? de quel part ?

CABIROL.

De la mienne.

RÉNÉ.

Encore une fois, qui êtes-vous ?

CABIROL.

Je suis Cabirol.

RÉNÉ.

Cabirol... Cabirol... qu'est-ce que c'est que ça ?

CABIROL.

Ça, monsieur le baron, c'est moi.

RÉNÉ.

Mais ça ne constitue pas une position sociale, d'être Cabirol.

CABIROL.

Je suis musicien, monsieur le baron, piston-solo au 8e lanciers, en congé de semestre.

RÉNÉ.

Et vous venez m'offrir vos services ? Merci, mon cher, je ne fais point danser chez moi.

CABIROL.

Je ne viens vous faire aucune offre de service, je vous le répète, je viens tout simplement vous parler.

RÉNÉ.

Un autre jour... plus tard... Aujourd'hui, je n'ai pas le temps... j'attends quelqu'un.

CABIROL.

La personne que vous attendez ne viendra pas.

RÉNÉ.

Comment le savez-vous ?

CABIROL.

C'est ma fiancée...

RÉNÉ.

Hein ?

CABIROL.

Oui, Monsieur, dans huit jours, Aline Girard sera ma femme.

RÉNÉ.

Madame Cabirol ? joli nom !

CABIROL.

Il en vaut un autre...

RÉNÉ.

Un autre aussi laid, je ne dis pas.

CABIROL.

Je pense, Monsieur, que vous renoncerez à vos projets ?

RÉNÉ.

Vous pensez cela ?.. Eh bien ! à votre aise...

CABIROL.

Est-ce que je me trompe ?

RÉNÉ.

Vous êtes trop curieux, mon cher.

CABIROL.

Votre réponse. (Réné le regarde avec ironie... et frappe sur un timbre.)

CABIROL.

Que faites-vous ?

RÉNÉ.

Je sonne mon valet...

CABIROL.

Pourquoi faire ?

RÉNÉ.

Pour vous jeter à la porte.

CABIROL.

Il ne viendra pas.

RÉNÉ.

Plaît-il ?

CABIROL, qui a repris la canne et donne un coup violent sur l'armoire.

Je lui défends de venir.

RÉNÉ, appelant.

Larose ! Larose !

CABIROL, même geste.

Je lui défends de répondre.

RÉNÉ.

Insolent !.. sortez !

CABIROL.

Je n'en ferai rien. (Il va s'asseoir tranquillement.)

RÉNÉ, s'élançant sur lui et reprenant la canne de sa main.

Attends, drôle !.. (Il lève sur lui la canne.)

CABIROL, se relevant en fureur.

Ne me touchez pas, ou sinon...

RÉNÉ.

Sinon ?..

CABIROL.

Je vous tuerai !.. prenez y garde, je vous tuerai !

RÉNÉ, le frappant.

Tiens ! c'est toi qui l'as voulu... (Cabirol pousse un cri de rage, arrache la canne des mains de Réné et la brise sur son genou, puis il s'élance vers lui.)

RÉNÉ, immobile et les bras croisés.

Tue-moi donc à présent, misérable.

CABIROL, après un temps et comme faisant un grand effort sur lui-même.

Je n'assassine pas, monsieur le baron... je suis militaire... j'aurai l'honneur de vous revoir... en uniforme... et avec deux de mes camarades.

RÉNÉ.

Comment ? que signifie ?

CABIROL.

J'aurai l'honneur de vous revoir !.. (Il sort.)

SCÈNE IV.

RÉNÉ, seul.

Allons, me voilà sur les bras une sotte et ridicule affaire ! si j'attendais une provocation, certes, ce n'était pas de ce côté. Mais, depuis quatre jours, depuis mon entrevue avec la belle comtesse, je n'ai pas revu son mari... et quand il y avait là un motif suffisant à vingt duels, il faut qu'il m'en vienne un de cet original, de ce monsieur Cabirol. La charmante bonne fortune que m'a procurée là ce faquin de Larose, il en recevra mes compliments... Où peut-il être, ce drôle-là ?

LAROSE, d'une voix gémissante et étouffée.

Monsieur le baron, je suis ici.

RÉNÉ, stupéfait.

Ici ? où ?..

LAROSE.

Dans l'armoire, monsieur le baron.

RÉNÉ, ouvrant l'armoire.

Ah çà ! que faites vous là ?

LAROSE

J'étouffe, monsieur le baron !

RÉNÉ.

Et qui vous a enfermé ?

LAROSE.

Ce drôle ! ce bandit ! ce gredin !

RÉNÉ.

Cabirol ?

LAROSE.

Lui-même ! mais il me le payera, le gueux !

RÉNÉ.

Maître Larose, ce Cabirol ne vous payera rien du tout. Vous êtes un maladroit... vous n'avez pas réussi à cacher à un amoureux qu'on en voulait à sa maîtresse ; ce qui est l'A, B, C, du métier ; vous m'avez mis ce Cabirol sur le dos ; vous vous êtes laissé enfermer par lui dans ce placard comme un idiot ! enfin vous n'avez pas même eu l'intelligence, au moment où j'entrais dans cette pièce, de m'appeler à votre aide... Je me prive de vos services !..

LAROSE.

Monsieur le baron me renvoie ?

RÉNÉ.

Oui.

LAROSE.

C'est bien ! (A part.) Si je pouvais donc lui faire un peu de mal avant de m'en aller...

RÉNÉ, à lui-même.

Décidément, il y a certains jours néfastes pendant lesquels rien ne réussit. (Sonnette.)

LAROSE.

Monsieur le baron, on sonne.

RÉNÉ.

Eh bien! ouvrez!

LAROSE, allant ouvrir.

Ah! oui, si je pouvais donc lui faire pas mal de mal!... quelle chance! (Ouvrant sa porte.) Ah! diable! (il se frotte les mains, puis il annonce.) M. le comte Maxime de Bracy... M. de Villedieu... (Se frottant les mains de plus belle, et d'une voix très-accentuée.) et M. le comte Henri de Preuil!...

RÉNÉ.

Lui! lui! ici!... Ah! il ne sait rien...

LAROSE, à lui-même en se frottant les mains.

Au contraire, j'espère bien qu'il sait tout! (Il sort; entrent les trois hommes annoncés.)

SCÈNE V.

RÉNÉ, MAXIME, HENRI, VILLEDIEU.

RÉNÉ, allant aux trois hommes.

Messieurs... mes amis... (Maxime et Villedieu serrent la main de René, Henri retire la sienne.) Monsieur...

MAXIME.

Que veut dire ceci, mon cher Henri?

VILLEDIEU.

Et qu'avez-vous contre René?..

HENRI.

Je vous ai amenés chez M. de Savenay pour vous l'apprendre, et pour le lui apprendre à lui-même.

MAXIME.

C'est donc bien grave?

HENRI.

Assez grave pour que tout à l'heure, j'en ai la certitude, si M. de Savenay vous tendait la main, vous retireriez la vôtre.

RÉNÉ, se contenant.

Je suis chez moi, monsieur le comte, ce qui m'impose le devoir de rester calme et patient quand même... Je fais d'ailleurs comme ces Messieurs, j'attends l'explication de votre étrange conduite...

HENRI.

Nous permettez-vous de nous asseoir chez vous, monsieur le baron?

RÉNÉ.

J'allais vous prier de le faire. (Larose rentre, apportant des flambeaux. Il sourit toujours sardoniquement.)

HENRI.

Le monde dans lequel vous vivez, Messieurs, ce monde dans lequel vous m'avez introduit et que je quitterai sans regret, ce monde brillant et léger des viveurs de Paris, se compose d'éléments bizarres et dissemblables, vous le savez aussi bien que moi... On y rencontre d'abord des gens tels que vous, mon cher Maxime, tels que vous, monsieur de Villedieu, des gens sérieusement honorables, de vrais gentilshommes, des hommes loyaux et pleins de cœur, dont le seul tort, si c'en est un, est de prodiguer trop largement leur fortune à des plaisirs qu'il ne m'appartient pas de blâmer... A côté de ceux-là, qui peuvent marcher partout la tête haute, il en est d'autres dont l'existence est étrange, ténébreuse et pleine de mystères. Ceux-ci portent volontiers de beaux noms, des noms d'autant plus sonores, qu'ils ont su les choisir eux-mêmes à leur convenance dans l'armorial des familles éteintes. Ils semblent riches et mènent train de princes, et cependant ils ne possèdent pas un pouce de terre au soleil. Ils n'ont pas dans leur portefeuille un seul coupon de rentes : les uns captivent, à force d'adresse, les constantes faveurs de la dame de pique et l'immuable protection du valet de cœur... les autres, observateurs clairvoyants des salons politiques, envoient à l'étranger des chroniques secrètes largement payées... d'autres enfin, lâchement épris de ces jouissances que la pauvreté défend, tendent, sans rougir, la main à des aumônes déguisées sous le nom d'emprunt. Ce sont les parasites du plaisir, et ils ne se posent en viveurs qu'aux dépens de ceux qu'ils exploitent...

RÉNÉ, à part.

Où donc veut-il en venir?..

MAXIME.

Il me semble, mon cher Henri, que vous voyez les choses bien en noir!..

HENRI.

Je vois les choses comme elles sont, et je n'ai pas tout dit!.. Je viens de vous parler des grecs et des chevaliers d'aventures... je connais pis que ceux-là, Messieurs, car, dans ce monde où nous sommes, je connais un voleur!..

TOUS.

Un voleur!..

HENRI.

Oui, un voleur!.. et ce voleur était notre ami!... et ce voleur serrait votre main...

MAXIME.

Mais c'est impossible!..

VILLEDIEU.

Expliquez-vous!..

RÉNÉ.

De qui voulez-vous parler, Monsieur?.. qui accusez-vous?.. le nom! dites le nom?..

HENRI, montrant René.

Ce voleur, le voilà!..

RÉNÉ.

Moi!.. moi!..

MAXIME, à Henri.

Henri! Henri! songez bien à ce que vous dites?..

VILLEDIEU.

Une telle accusation!..

HENRI.

Cet homme a volé à madame de Preuil un bracelet d'émeraudes... qu'il le nie s'il en a l'audace!..

RÉNÉ.

Volé! moi! volé!.. Maxime, Villedieu, vous ne le croyez pas!..

HENRI.

Il a volé, vous dis-je, et, si vous voulez en avoir la preuve, fouillez-le!..

RÉNÉ, avec fureur.

Ne me touchez pas!..

HENRI.

Fouillez-le donc, Messieurs!.. cela ne vaut-il pas mieux que d'envoyer chercher la justice?..

MAXIME.

René, pour votre honneur, il le faut!..

RÉNÉ, tirant le bracelet de sa poitrine et le remettant à Maxime qui le passe à Henri.

Eh bien! ce bracelet, le voilà! mais je ne l'ai pas volé!..

HENRI.

Oseriez-vous soutenir, devant moi, que madame de Preuil vous l'a donné?.. Oh! je sais bien que vous l'avez dit ailleurs!.. oh! je sais bien que vous l'avez crié dans une orgie, où vous faisiez parade de ce bijou, au milieu de compagnons de débauche et de filles perdues!.. et, comme on s'étonnait de le voir entre vos mains, vous avez inventé la calomnie pour cacher le vol...

RÉNÉ.

Vous savez bien que je ne l'ai pas volé!..

HENRI.

Je sais que vous êtes plus lâche et plus méprisable qu'un voleur, car la calomnie est plus infâme que le vol!.. Ce bracelet, avez-vous prétendu, est un souvenir d'amour... vous en avez menti!..

RÉNÉ.

Monsieur!

HENRI.

Vous en avez menti!.. vous ne mériteriez qu'un écrasant dédain, mais votre bave a jailli sur un nom trop pur et qui m'est trop cher pour que je puisse contenir ma colère, et voici comment on châtie les misérables de votre sorte!.. (Il lui donne un soufflet.)

RÉNÉ, avec fureur.

Ah!.. (Il veut s'élancer sur Henri.)

MAXIME, l'arrêtant.

C'est justice.

HENRI, à Maxime et à Villedieu.

Je vous demande pardon, Messieurs, de m'être laissé emporter trop loin par une légitime indignation... j'aurais dû me contenir... la force m'a manqué... peut-être la grandeur de l'offense que j'ai subie me vaudra-t-elle votre indulgence... (A René.) Messieurs de Bracy et de Villedieu me font l'honneur de se mettre à ma disposition... je les emmène chez moi, à ma villa de Chantilly... quelqu'un qui viendrait les y demander de votre part aurait donc la certitude de les y trouver.

RÉNÉ.

Soyez tranquille, Monsieur, ils n'attendront pas longtemps.

HENRI.

J'y compte. (Il marche vers la porte, Maxime et Villedieu le suivent. Larose a reparu se frottant encore les mains. Il prend un des deux flambeaux qu'il a placés sur la table, et éclaire tout en regardant toujours, avec malice, son maître, qui paraît abattu et désespéré.)

SEPTIÈME TABLEAU.

A Chantilly, chez Henri de Preuil. — Le cabinet de travail d'Henri.

SCÈNE PREMIÈRE.

HENRI, seul. Une bougie brûle sur la table. Henri est pâle comme un homme qui a longtemps veillé. Il cachette une lettre et lit la suscription suivante tracée sur l'enveloppe :

Madame la comtesse Berthe de Preuil, pour lui être remis après ma mort... Qui m'eût prédit, il y a trois jours, que je tracerais aujourd'hui ces mots sinistres d'une main si ferme ! Qui m'eût prédit que ce bonheur infini, et que je croyais éternel, serait si vite foudroyé, et que je demanderais à la tombe un asile et le repos?.. *(Se levant.)* Oui, ce n'est pas la vengeance que je cherche dans ce duel, c'est la mort ! J'ai dit à cet homme : Tu as volé, tu as menti ! et dans le fond de mon cœur, je savais bien qu'en prononçant de telles paroles, j'essayais de tromper les autres sans parvenir à me tromper moi-même.. Berthe ! Berthe coupable !.. infidèle!.. Ah ! ce bracelet, ce joyau maudit !... toute ma vie est brisée, et je dois mourir... Allons!.. vienne maintenant l'heure suprême, je suis prêt! *(Il va se rasseoir.)* Que se passe-t-il en moi?.. j'ai tant souffert, que je me sens calme... Mon âme s'est engourdie dans la douleur... et... quand le repos est si près... la fatigue m'accable... mon cœur bat lentement, comme s'il voulait s'habituer à l'immobilité... mes yeux se ferment malgré moi... Oh! si, dans mon dernier sommeil, je pouvais rêver un instant que Berthe m'aime encore!.. Berthe!.. Berthe !... malheureuse femme!.. *(Le bras d'Henri est retombé sur le fauteuil; sa tête se renverse; il dort; la porte du fond s'ouvre lentement. Berthe, vêtue de blanc, un bougeoir à la main, entre en étouffant le bruit de ses pas.)*

SCÈNE II.

HENRI, BERTHE.

BERTHE, s'approchant de lui et à demi voix.

Henri! Henri!.. vous ne me répondez pas... Ah! il dort!.. depuis un instant seulement... car de ma fenêtre, les yeux fixés sur la sienne, j'ai suivi tous ses mouvements, et je l'ai vu pendant des heures entières, je l'ai vu là, écrire... écrire à qui? à qui donc?... J'ai tremblé, et je suis redevenue jalouse... Mais j'ai eu tort... il n'a pas de secret pour moi... je m'en vais!.. je m'en vais!.. *(Fausse sortie, elle s'arrête et revient comme attirée malgré elle vers la table où est la lettre.)* L'adresse, rien que l'adresse... J'en suis bien sûre, ce n'est pas un nom de femme que je vais lire. *(Elle s'approche du bureau avec précaution, prend la lettre et lit la suscription.)* « Madame la comtesse Berthe de Preuil, pour lui être remis après ma mort... » Sa mort ! et c'est cette nuit qu'il écrit... sa mort!.. *(Elle déchire l'enveloppe, déploie le papier et lit :)* « En ouvrant cette lettre, que votre main ne tremble pas, Berthe... Dans ces dernières paroles d'un mourant, il y aura des regrets, sans doute, il n'y aura pas de reproches!... Au moment où vos yeux seront fixés sur ces lignes, vous serez veuve... car je suis résolu à ne pas défendre mes jours contre l'épée de mon adversaire, de celui qui vous avez donné pour rival. Vous comprenez, n'est-ce pas, pourquoi je ne veux plus vivre?..» O mon Dieu!.. *(S'arrêtant encore, passant la main sur ses yeux, et regardant avec égarement autour d'elle, comme pour s'assurer de la réalité de sa lecture.)*

HENRI, toujours endormi.

Berthe!.. ma chère Berthe!..

BERTHE.

Ah! mon nom,.. il m'aime encore!..

HENRI, rêvant.

Adieu ! adieu, pour toujours...

BERTHE.

Comme dans sa lettre!.. *(Elle s'éloigne un peu d'Henri et reprend sa lecture à voix basse.)* « Dieu, dans sa bonté, avait répandu sur nous, à pleines mains, ses faveurs; nous étions heureux, bien heureux, et tout cela a été détruit par moi... par moi seul... Je vous ai fait souffrir, et vous m'en avez cruellement puni, Berthe... au moins me pardonnerez-vous?... Vivant, je n'avais rien qui ne fût à vous. Après moi, tout ce que je possédais doit vous appartenir... Je vous laisse ma fortune entière, bien certain d'avance que vous en ferez un noble et généreux usage... Et maintenant, adieu!.. Oh! que ce mot est dur, quand on avait espéré de si longues années de bonheur et d'amour!.. priez quelquefois pour celui qui n'a vécu que pour vous seule, dont l'âme s'exhalera pleine de votre image, et dont les lèvres mourantes prononceront votre nom. Adieu encore, adieu pour toujours!» *(Elle laisse tomber la lettre et se jetant à genoux devant son mari.)* Ah! c'est moi! c'est moi qui te tue!..

HENRI, se réveillant et voyant la jeune femme à ses pieds.

Berthe!.. vous avez lu, n'est-ce pas?..

BERTHE.

Oui... j'ai lu cette fatale lettre; mais si vous ne voulez mourir que parce que vous me croyez coupable, vivez Henri! vivez, car je suis innocente!.. *(Henri la regarde fixement et ne répond rien.)* Henri, ne me croyez-vous pas?...

HENRI.

Laissons de côté ce douloureux sujet... Puisque vous avez lu, vous savez qu'en échange du pardon que je vous demande, il n'y a dans mon cœur qu'indulgence et oubli...

BERTHE.

Pourquoi me parlez-vous d'oubli?.. Pourquoi me parlez-vous d'indulgence?... Ces explications qui vous sont importunes, je les veux! il me les faut! je les exige!.. car je n'ai besoin ni d'oubli ni de pardon... car, dans ma vie entière, il n'y a rien que je doive cacher, et rien non plus dont je doive rougir...

HENRI.

Rien! Vous ignorez donc que c'est lui-même qui a tout révélé, lui qui fait parade de votre amour!

BERTHE.

Lui!.. Qui donc?

HENRI.

M'imposerez-vous la honte de prononcer son nom?..

BERTHE.

Ne le prononcez pas, Henri, vous avez raison, il souillerait vos lèvres.

HENRI.

Ah! vous avouez donc enfin que vous le connaissez?..

BERTHE.

Je le devine... il ne doit y avoir qu'un seul homme au monde capable de cette indignité!.. Ah! c'est lui qui m'accuse...

HENRI.

C'est lui!

BERTHE.

Et devant vous?

HENRI.

Devant moi..

BERTHE.

Et tout votre cœur ne s'est pas soulevé d'indignation... et vous ne l'avez pas à votre tour accusé du plus odieux, du plus infâme de tous les mensonges!

HENRI.

Je l'ai fait... mais, seul avec vous, Berthe...

BERTHE.

O mon Dieu! C'est lui que vous croyez...

HENRI.

Sans cela, est-ce que j'aurais écrit cette lettre ?..

BERTHE.

C'est ce misérable que vous croyez?..

HENRI.

Tout Paris le croit. On parle d'une mystérieuse maison de l'allée des Veuves...

BERTHE.

Ah!...

HENRI.

Vous savez ce que cela veut dire?..

BERTHE.

Je le sais...

HENRI.

Cette maison... vous y êtes allée, n'est-ce pas, et c'est là... *(Il tire de son sein le bracelet et le lui montre.)*

BERTHE, le saisissant et le couvrant de baisers.

Ce bracelet... celui de ma mère!.. c'était pour moi le plus précieux, le plus saint des souvenirs... Aussi me disais-je que j'avais vu fuir tout mon bonheur depuis que je l'avais perdu...

HENRI.

Perdu!.. chez lui!

BERTHE.

Eh bien... eh bien! oui, chez lui... où il m'avait attirée par un piège aussi infâme que l'est aujourd'hui sa calomnie.

HENRI.

Que dites-vous?...

BERTHE.

Ce billet qu'il a osé m'écrire... où est-il donc? Qu'est-il devenu?.. Ah! je me souviens. *(Marchant vers la cheminée.)* Un jour j'étais là... ce papier... je voulais l'anéantir, le livrer aux flammes... mais le temps m'a manqué... vous avez paru au seuil de cette porte... et je l'ai caché, là, derrière la glace !.. *(Elle va prendre le billet à la place qu'elle vient d'indiquer.)*

HENRI.

Caché! pourquoi trembliez-vous à mon approche? que redoutiez-vous donc, si vous n'étiez pas sa complice...

BERTHE.

Je redoutais ce duel... où vous allez courir, si je ne parviens pas à l'empêcher...

HENRI.

Jamais!...

BERTHE.

Lisez, Monsieur, mais lisez donc...

HENRI, parcourant vivement le billet de Réné.

Ah! le misérable!.. qui se servait de votre amour pour vous perdre...

BERTHE.

Mais cet amour me protégeait. Grâce à lui et grâce à Dieu, j'ai trouvé dans ma faiblesse assez de force pour dominer le lâche qui se croyait mon maître, je suis sortie fière et triomphante... il est sorti vaincu et écrasé par mon mépris.

HENRI.

Berthe!.. ah! par pitié!.. taisez-vous!... Votre voix a pris sur moi tant d'empire... Je vous ai tant aimée, et, malgré moi, prêt à me séparer de vous, je vous aime si follement encore... taisez-vous!.. Je vous croirais peut-être, et le réveil serait trop horrible.

BERTHE.

Henri, je vous le jure... Henri... un cœur comme le mien... vous l'avez connu noble et bon... n'est-ce pas?.. ce cœur-là n'a pu se laisser flétrir en un instant!... Henri, vous savez que de tout temps j'ai aimé Dieu, vous savez que j'ai poussé jusqu'à l'adoration mon respect pour la mémoire de ma mère... Eh bien, Henri, je vous jure par le ciel, je vous jure par ma mère que j'ai dit la vérité.

HENRI.

Oh! je te crois... Berthe, ma Berthe toujours adorée, je te crois... le mensonge n'aurait pas de tels accents, et ne jetterait pas ainsi la conviction dans mon âme... Ah! oui, je te crois!.. je te crois!...

BERTHE.

Henri!.. Ah! je suis bien heureuse!.. (Ils s'embrassent. — Pendant fin de cette scène, les bougies se sont éteintes et le jour est venu, six heures sonnent à la pendule.)

HENRI, tressaillant et s'arrachant de ses bras.

Six heures du matin!... On va m'attendre...

BERTHE.

Tu ne sortiras pas...

HENRI.

Il le faut cependant. .

BERTHE.

Henri, je t'en conjure!..renonce à ce funeste duel, promets-moi que tu n'iras pas retrouver cet homme...

HENRI.

J'irai... aucun pouvoir humain ne m'arrêtera... je résisterai même à tes larmes...

BERTHE.

Mais cet homme... c'est son métier que le duel... tandis que toi...

HENRI.

J'irai, te dis-je.

BERTHE.

Au nom de ce que tu as au monde de plus cher et de plus sacré!... au nom de mon amour... au nom de ma vie!..

HENRI.

Berthe, ma pauvre amie, ma femme... cesse donc de me placer entre mon amour et mon honneur!..

BERTHE.

Oh! ne me parlez plus de votre honneur... se mesurer avec un tel adversaire, ce n'est pas un honneur, c'est une honte... et si je te laisse partir... est-ce qu'il va reculer, lui, devant une ruse déloyale? Est-ce qu'il ne va pas par quelque infamie mettre l'avantage de son côté?... et moi je ne t'aurais retrouvé que pour te perdre?... Non, non, il n'en sera pas ainsi... (l'enlaçant dans ses bras) Je ne veux pas, Henri, je ne veux pas que tu meures... Tu n'iras pas! tu n'iras pas!...

HENRI.

Tu me brises le cœur, et tu me le brises en vain!.. je ne puis te promettre ce que tu me demandes, mais je puis te rassurer du moins, et je veux le faire! Ecoute-moi donc... L'étoile de notre avenir, un instant voilée par des nuages sombres, vient de reparaître lumineuse!.. Une voix intérieure et qui ne me trompe point, m'avertit qu'aucun malheur ne nous menace... Autant, pendant la première moitié de cette nuit, je me sentais écrasé sous le poids de pressentiments funestes, autant, à cette heure, j'ai le cœur libre et joyeux!.. Va, ne crains rien, ma bien-aimée... je saurai défendre ma vie qui t'appartient!.. crois-moi, chère Berthe, ce n'est pas pour moi qu'il faut craindre, ce n'est pas pour moi qu'il faut prier!.. (il s'élance vers la porte.)

BERTHE, l'enlaçant de ses bras et s'efforçant de le retenir.

Henri!.. Henri!.. non! non! je ne veux pas!.. je ne veux pas!..

HENRI.

Adieu! adieu!.. (Il s'arrache de ses bras elle pousse un grand cri et tombe à genoux.)

HUITIÈME TABLEAU.

SCÈNE PREMIÈRE.

RÉNÉ, UN DOMESTIQUE, portant des épées et des pistolets.

RÉNÉ.

C'est bien!.. posez cela... laissez-moi... (A lui-même.) Seul!.. j'arrive seul!.. pas de témoins... est-ce assez de honte et d'infamie!.. Tout Paris saura demain que pas un main une s'est tendue vers la mienne! que pas un de mes amis d'hier n'a consenti à faire aujourd'hui pour moi ce qu'il ferait pour un étranger, pour un inconnu!.. Qu'ils se sont tous détournés de moi avec une politesse glaciale et dédaigneuse! et que je viens seul sur le terrain, et que j'y viens déshonoré par vingt refus!.. Ah! que de sang ne me faudra-t-il pas verser pour laver toutes ces taches!..

SCÈNE II.

RÉNÉ, CABIROL, en uniforme.

CABIROL, à lui-même.

Le voici... Allons, ce coquin de Larose m'avait bien renseigné... il tient beaucoup à ce qu'on ne manque pas son maître, ce gaillard-là!... je tâcherai de lui être agréable...

RÉNÉ, à lui-même.

Hein?.. Qui me regarde ainsi?.. je connais cet homme...

CABIROL, s'approchant de Réné.

Monsieur le baron, je vous avais dit : Au revoir! vous voyez que je suis de parole... Chose promise, chose due...

RÉNÉ, surpris.

Eh quoi! c'est vous, Monsieur... sous ce costume ?

CABIROL.

Je vous avais prévenu que je viendrais en uniforme, parce que je sais bien qu'on ne refuse pas, si fier que l'on soit, de s'aligner avec un soldat...

RÉNÉ.

Eh bien! soit, nous nous battrons, mais plus tard...

CABIROL.

Oh! que nenni, monsieur le baron!.. un coup d'épée, voyez-vous, ça doit se manger chaud... refroidi, ça ne vaut plus rien...

RÉNÉ.

Un duel immédiat est impossible...

CABIROL.

Ah! bah!.. et pourquoi donc ça?

RÉNÉ.

Parce qu'avant de me battre avec vous, je dois me battre avec un autre...

CABIROL.

Pas de préférence!.. Je suis arrivé ici avant l'autre... je me battrai avant l'autre... je vas faire un signe à mes deux témoins qui m'attendent là-bas... et dès que les vôtres seront arrivés...

RÉNÉ.

Monsieur, vous êtes un soldat, et, je le crois, un homme d'honneur... vous devez comprendre que le premier offensé a droit à la première réparation... Or, c'est hier seulement que je vous ai insulté...

CABIROL.

Depuis hier... C'est assez long.

RÉNÉ.

L'offense dont se plaint l'adversaire que j'attends remonte à une époque beaucoup plus éloignée... c'est à lui donc, à lui, avant de me devoir à vous... soyez tranquille, d'ailleurs, je tiendrai tous mes engagements...

CABIROL.

Mais puisqu'il ne vient pas, ce monsieur, qui vous empêche de commencer avec moi?..

RÉNÉ.

Vous pourriez me tuer, et, avant de mourir, je veux avoir payé ma dette...

CABIROL.

C'est-à-dire que vous aimez mieux faire faillite à moi qu'à lui!.. Allons, puisqu'il est le premier en date, j'y consens... pas de bon cœur, mais j'y consens. — au moins dès que la première affaire sera réglée... si vous êtes encore de ce monde.

RÉNÉ.

Eh bien, oui... mais à une condition...

CABIROL.

Laquelle?..

RÉNÉ.

C'est qu'avant tout... vous me servirez de témoin pour mon premier duel...

CABIROL.

Moi, votre témoin!.. vous avez besoin de moi pour ça... vous qui avez tant d'amis?...

RÉNÉ, amèrement.

Des amis! ceux qui devaient m'assister ce matin se sont trompés d'heure, sans doute, ou bien ils auront oublié le lieu du rendez-vous... enfin, je vous prie, je vous supplie...

CABIROL.

Allons!.. je le veux bien, pour en finir... je serai votre témoin... et même je ferai mieux... j'amènerai avec moi l'un des deux miens pour que nous soyons au grand complet... seulement, si ce Monsieur vous tue, je ne lui pardonnerai jamais d'avoir fait ma besogne... Attendez-moi, je reviens... (Il sort.)

SCÈNE III.

RÉNÉ, seul, puis BERTHE.

RÉNÉ.

Enfin, je respire!.. je suis sauvé!.. toute la nuit j'ai craint cette honte indicible d'arriver sur le terrain sans témoins... de voir le comte de Preuil refuser le combat avec un adversaire que tous abandonnaient!.. Qu'il vienne, maintenant, cet Henri que je hais!... qu'il vienne!... oh! je le tuerai!.. je sens bien que je le tuerai!..

BERTHE, apparaissant tout à coup entre les arbres et marchant vivement vers Réné.

Non, monsieur de Savenay, non, vous ne le tuerez pas!!

RÉNÉ.

La comtesse!

BERTHE.

Vous n'ajouterez pas un crime à toutes les fautes que vous avez commises!.. Il doit rester quelque chose de noble et de généreux au fond de votre âme... Vous vous arrêterez dans le sentier du mal !.. vous ne frapperez pas le mari après avoir calomnié la femme!..

RÉNÉ.

Est-ce que je peux reculer, Madame... et que voulez-vous donc que je fasse?...

BERTHE.

Je veux... je veux... Eh! le sais-je, mon Dieu!.. Je l'aime! je l'aime!.. et je tremble pour lui!.. Je l'ai prié... je l'ai supplié... Je me suis traînée à ses genoux... il a été inflexible... et je viens à vous... à vous qui m'avez fait tant de mal... à vous qui me devez une réparation... je viens vous demander sa vie.

RÉNÉ.

Sa vie!.. et vous l'aimez!.. et vous ne comprenez pas que cet amour surtout, cet amour le condamne!.. Ce n'est pas seulement parce qu'il m'a provoqué, parce qu'il m'a souffleté, que je le hais jusqu'à la mort!.. c'est surtout parce que vous l'aimez!.. c'est pour cela qu'il doit mourir!

BERTHE.

Dieu ne le voudra pas!.. Dieu me donnera la force de le défendre contre vous, puisque je n'ai pu le défendre contre lui-même!.. et c'est moi... moi qui triompherai!..

RÉNÉ.

Et pour cela, que ferez-vous, Madame?..

BERTHE.

Je serai là, pendant ce duel odieux... je serai là... invisible pour lui... présente pour vous seul!..

RÉNÉ.

Vous, Madame?

BERTHE.

Moi, le remords!.. moi, l'expiation!... moi, le châtiment!.. Mes regards vous poursuivront sans cesse... et, malgré votre audace, vous tremblerez, votre main faiblira... votre épée s'abaissera devant la sienne!..

RÉNÉ.

Mon bras est ferme, Madame... mon épée va droit au but! .

BERTHE.

Je vous dis que je vous défie!.. je vous dis que je serai la plus forte!.. et vous ne le tuerez pas!... Non, vous ne le tuerez pas! (On entend la voix de Maxime.)

MAXIME, dans la coulisse.

Par ici, Messieurs, par ici...

RÉNÉ.

Les voici...

BERTHE.

N'oubliez pas que je suis contre vous, et que Dieu est avec moi!.. (Elle disparaît derrière les arbres... Henri, Maxime et Villedieu entrent au fond... Cabirol, et avec lui un sous-officier de cavalerie arrivent par un autre côté.)

SCÈNE IV.

RÉNÉ, HENRI, MAXIME, VILLEDIEU, CABIROL, UN SOUS-OFFICIER.

HENRI, à Réné.

Si nous vous avons fait attendre, Monsieur, nous vous prions de recevoir nos excuses...

RÉNÉ.

Vous n'êtes point en retard, monsieur le comte... seulement, moi, j'étais en avance.

HENRI, à Maxime et à Villedieu.

Veuillez vous entendre, Messieurs, avec les témoins de M. de Savenay... (Réné présente du geste Cabirol et le sous-officier. Les quatre hommes se saluent.)

MAXIME, à Cabirol.

Les conditions du combat sont parfaitement simples... M. de Preuil est l'offensé, il choisit l'épée ; je pense, Monsieur, que vous n'avez aucune objection à faire?

CABIROL, après avoir interrogé Réné du regard.

Aucune... (Villedieu mesure les épées... Il en présente une à Henri, et l'autre à Réné... Henri et Réné se mettent en garde et engagent le fer.)

RÉNÉ, à Henri.

Ce combat, Messieurs, vous le comprenez, ne peut et ne doit finir que par la mort de l'un de nous...

HENRI.

Ma façon de voir à ce sujet est entièrement opposée à la vôtre, Monsieur... vous pourrez me tuer, si Dieu vous le permet... moi... ce n'est pas de la haine que vous m'inspirez, et je ne veux pas votre mort... Non, Monsieur, je le jure par le ciel, je le jure par mon amour, par mon respect sans bornes pour ma femme bien-aimée, lâchement insultée par vous... je ne vous tuerai pas... (Ici, Berthe paraît derrière les charmilles sans être vue des autres personnages.)

RÉNÉ.

Comment?.. Eh! que voulez-vous donc, alors, Monsieur?..

HENRI.

Je veux qu'une trace ineffaçable éternise le souvenir de l'offense et celui de la réparation... je veux que la pointe de mon épée ajoute son stygmate là, sur votre joue, à l'empreinte du soufflet que je vous ai donné; je veux enfin, je veux marquer le calomniateur au visage comme on marquait jadis le faussaire à l'épaule.

RÉNÉ, avec rage.

En garde, Monsieur !... en garde!

HENRI.

Je vous attends... (Le duel commence, Henri oppose son sang-froid à la rage aveugle de Réné. — Berthe paraît parmi les arbres et se place de manière à se trouver en face de Réné. — Ce dernier la voit, il se trouble et faiblit.) Défendez-vous mieux, Monsieur... on dirait que votre main tremble!.. (Réné s'arrange de manière à changer de côté et à ne plus se trouver en face de Berthe ; son sang-froid lui revient, et par deux fois, il est à moment de toucher Henri ; mais Berthe, à son tour, a changé de position et Réné la retrouve en face de lui ; le regard de la jeune femme le trouble de nouveau, il hésite ; ses coups deviennent incertains ; l'épée d'Henri lui fait une légère balafre à la joue et fait, presque en même temps, sauter son épée.)

RÉNÉ, désarmé, tombant à genoux.

Oh! tuez-moi!.. par grâce!.. par pitié!.. tuez-moi donc?..

BERTHE, s'élançant du bord de la clairière, et venant se jeter dans les bras de son mari.

Tu as juré, Henri, tu as juré par notre amour, que tu épargnerais sa vie...

HENRI.

Oui, j'ai juré!.. (A Réné.) Vous avez entendu, Monsieur, je tiendrai mon serment!..

RÉNÉ.

Oh! la honte!.. une honte éternelle!.. au lieu de la mort!..

CABIROL, qui vient de ramasser l'épée de Réné, s'approchant de lui et la lui présentant.

Je n'ai rien juré, moi...

RÉNÉ, saisissant l'épée avec une joie sombre.

Ah! merci, Monsieur, merci!..

AUX ARTISTES

QUI VIENNENT DE JOUER

LES VIVEURS DE PARIS

C'est un devoir pour moi, et c'est en même temps une joie d'adresser ici de publics remerciements aux artistes d'élite qui viennent d'interpréter mon œuvre d'une façon brillante, et de contribuer pour une large part à son succès éclatant.

Lorsque, dans le roman LES VIVEURS DE PARIS, je mettais en scène cette comtesse Berthe, si noble et si belle, si aimante et si pure, la plus séduisante, la plus sympathique des figures de femmes créées par mon imagination ou reproduites par mes souvenirs, je pressentais sans doute que mademoiselle PAGE transporterait un jour cette figure au théâtre.

Jamais poète, en effet, ne vit réaliser son rêve d'une façon plus complète; jamais la fille de sa pensée ne s'incarna mieux sous une forme palpable et charmante.—A ce talent hors ligne qui la place au premier rang des grandes artistes de notre époque, mademoiselle PAGE réunit en effet la distinction innée qui ne peut s'acquérir, le charme tout-puissant qui subjugue irrésistiblement, la beauté exquise et aristocratique,

« Et la grâce plus belle encor que la beauté. »

A ces qualités merveilleuses, qu'elle seule possède aujourd'hui, mademoiselle Page joint une incomparable intelligence dramatique. Elle a le don des larmes vraies et touchantes; sa voix émue fait battre les cœurs, et, par instants, quand la situation le commande, la frêle et gracieuse artiste s'élève à une incroyable hauteur de passion, et rappelle les plus beaux mouvements, les élans les plus splendides de cette pauvre et sublime Marie Dorval.—Le rôle de la comtesse Berthe a été pour mademoiselle PAGE l'occasion non d'un succès, mais d'un triomphe.

Ce triomphe est partagé par DUMAINE qui, dans le personnage du comte Henri, vient de prouver qu'il est non-seulement le plus complet des premiers rôles du boulevard, mais encore, à l'occasion, un comédien digne de nos meilleurs théâtres de genre. Dumaine, admirablement servi par son intelligence et par sa beauté, a fait, du gentilhomme un instant coupable, un remarquable type de distinction, de noblesse et de générosité chevaleresque.

LAURENT, le plus franchement comique, sans contredit, de tous les comiques de Paris, se montre, dans le rôle de Cabirol, d'une excentricité tellement réjouissante, que le spleen d'aucun Anglais, tout prêt à se couper la gorge, par un jour de brouillard, avec un rasoir de Birmingham ou de Manchester, ne résisterait à son irrésistible gaieté.

Maurice COSTE, à force de talent, a sauvé l'odieux du personnage de Réné de Savenay, qu'il était appelé à représenter. Il a force de chaleureux applaudissements qui, certes, ne s'adressaient qu'à l'artiste.

Mademoiselle MARTY (Violette), n'a guère qu'un tableau dans la pièce (malheureusement pour le public), mais elle a joué ce tableau comme on le jouerait au Vaudeville ou au Gymnase.

Mademoiselle ADORGY personnifie gracieusement la gentille Aline et gazouille d'une façon ravissante la chansonnette des Jeunes Amours.

Madame HAQUETTE a bien voulu mettre sa grâce et sa beauté au service d'un rôle indigne de son talent... Je la remercie doublement.

Mademoiselle MATHILDE est une vive et piquante soubrette, digne d'hériter un jour de la cornette et du jupon court des Marton et des Dorine.

Monsieur MACHANETTE mérite les applaudissements qu'il obtient dans le rôle de Maxime de Bracy, et M. CONSTANT donne de la vie et de la gaieté à celui de Larose.

Je ne dois oublier ni M. DORNAY ni MM. MARTIN et LAVERGNE.

Je me résume, en attribuant la plus belle part du succès aux vaillants et excellents comédiens qui viennent de combattre et de triompher sous mon drapeau; et je dis à mademoiselle PAGE, à DUMAINE, à LAURENT, à MAURICE COSTE et à tous les autres :

— Merci cent fois, et cent fois encore, et à bientôt, n'est-ce pas, pour un nouveau combat, et, je l'espère, pour une nouvelle victoire !

XAVIER DE MONTÉPIN.

Paris, ce 20 septembre 1857.

FIN.